二手房淘宝指南

徽 湖 编著

中国建筑工业出版社

图书在版编目（CIP）数据

二手房淘宝指南/徽湖编著. —北京：中国建筑工业出版社，2013.3
ISBN 978-7-112-15237-7

Ⅰ.①二… Ⅱ.①徽… Ⅲ.①住宅—选购—基本知识 Ⅳ.①F293.35

中国版本图书馆CIP数据核字（2013）第051455号

责任编辑：毕凤鸣
责任设计：赵明霞
责任校对：陈晶晶 赵 颖

二手房淘宝指南
徽 湖 编著
*
中国建筑工业出版社出版、发行（北京西郊百万庄）
各地新华书店、建筑书店经销
北京京点设计公司制版
北京市密东印刷有限公司印刷
*

开本：787×960 毫米 1/16 印张：12¼ 字数：225 千字
2013 年 6 月第一版 2013 年 12 月第二次印刷
定价：39.00 元
ISBN 978-7-112-15237-7
（23291）

版权所有 翻印必究
如有印装质量问题，可寄本社退换
（邮政编码 100037）

过去的10年，被称为房地产的黄金十年，体现在流通方面，主要是新建商品房的开发，与之对应的是一手市场的繁荣。但随着城区土地资源的稀缺，一手房市场的逐渐饱和，二手房成为居民购买的主力产品。可以肯定的是，在未来10年，房地产交易将进入二手房时代。

住房作为大众生活的必需品，同时也兼具投资保值的功能。因为二手房购买涉及金额大、程序复杂，加之买卖双方信息的不对称，因此买房很容易吃亏上当。尤其在遭遇不良房地产中介时，买完后总有种吃亏上当的感觉。如何挑选二手房，如何完成交易，如何防范交易风险，为购买者提供决策参考，就成为写作本书的最大目的。

二手房的种类繁多，房屋性质不一。从类型上看，有央产房、集资房、新建住区二手房；从土地性质来看，有住宅用地，有商业和写字楼用地。这都需要购房者擦亮慧眼，进行有效的甄别。我有个朋友，想买套房子自住，结果买的是商住项目，等住进去才知道，项目的水电都是商水商电，价格是民用水电的好几倍，非常生气，恨不得要和房产中介去打架。

每个人的人生都分三个阶段：青年阶段、中年阶段和老年阶段。在每个阶段应该买什么样的房子，非常重要。青年阶段，买房更多的是为了解决居住问题，房子不在大小，有时候甚至一张床就足以解决问题；而中年阶段，要考虑孩子和老人，要考虑孩子上学问题，生活配套问题；而到了老年，最重要的是医疗和居住的舒适性。这三个阶段，如果购买二手房，就涉及婚房、学区房和老年住宅的购买策略，在本书中，将有详细阐述。

同一位置甚至同一个小区，可能有多套甚至几十套二手房供你选择，究竟选哪一套房子，这其中有很多的学问值得考究。另外，卖房者或中介为什么让购买者集中一起看房？为何选择在晚间看房？如何合理规避二手房契税？这其中实际上都有很多猫腻，本书都将一一解开这些谜底，让你恍然大悟，原来是这样。

要想做一名聪明的二手房购买者，必须具备三个条件：一是掌握丰富的二手房相关知识；二是对二手房交易过程了如指掌；三是对市场交易过程中的潜规则了然于胸。唯有如此，才能达到买方比卖房更精明之目的。当然冰冻三尺非一日之寒，要想成为行家，就先从这本书开始吧。当然本书除了适合购房人阅读之外，同样适应于房地产从业者，尤其是二手房从业者。

目 录

第一部分 买房篇

第一章 二手房交易基础知识 3
第一节 房地产三级市场 3
第二节 国家相关二手房政策解读 6
第三节 二手房交易具体税费 9
第四节 选择二手房的理由 15
第五节 二手房产权类别 17
第六节 二手房购买流程 20

第二章 寻找房源阶段 25
第一节 明确购房目的 25
第二节 不能上市交易的二手房 28
第三节 寻找正规的二手房中介 30
第四节 理性面对二手特价房 33
第五节 谨防中介或房主"一房两卖" 36

第三章 二手房砍价技巧谈 40
第一节 中介服务的收费 40
第二节 二手房砍价学问大 44
第三节 理性面对"代理费"打折 47

第四章 签订合同环节 50
第一节 签订二手房合同注意事项 50
第二节 二手房订金陷阱 56

第三节　哪些补充条款要添加 59
　　第四节　房主毁约该如何处理 61

第五章　申请二手房贷款阶段 64
　　第一节　如何知道自己是否满足贷款条件 64
　　第二节　选择适合自己的房贷 66
　　第三节　二手房贷款注意事项 70
　　第四节　首付款支付风险 73
　　第五节　中介公司代理费何时支付 75

第六章　二手房评估与过户 79
　　第一节　二手房评估 79
　　第二节　谨防评估陷阱 82
　　第三节　过户的注意事项 87
　　第四节　如何判断房产证的真伪 90
　　第五节　过户的关键步骤 93

第七章　二手房物业交割 95
　　第一节　如何查清房屋质量隐患 95
　　第二节　水电物业费切勿掏冤枉钱 98
　　第三节　谨防购买后不能落户 101
　　第四节　交易过程中注意保留证据 103

第八章　其他陷阱 106
　　第一节　中介公司吃差价 106
　　第二节　识破假房主 110
　　第三节　识破不实房源 113

第九章　二手房交易相关范本及程序 119
　　第一节　交易合同范本 119

第二节　办理住房按揭相关合同 ………………………………………129
第三节　二手房验房工具及验收过程 ……………………………………133
第四节　物业交接相关程序 ………………………………………………136

第二部分　卖房篇

第十章　二手房出售前期准备 …………………………………………141

第一节　二手房出售流程 …………………………………………………141
第二节　二手房出售你准备好了没有 ……………………………………144
第三节　二手房出售时机 …………………………………………………146
第四节　二手房如何卖个好价钱 …………………………………………150

第十一章　二手房出售技巧 ……………………………………………155

第一节　选择中介售房 ……………………………………………………155
第二节　让买房人一见钟情 ………………………………………………157
第三节　安全出售二手房 …………………………………………………159
第四节　二手房出售案例分析 ……………………………………………160

第三部分　租房篇

第十二章　轻轻松松租房 ………………………………………………167

第一节　租房五部曲 ………………………………………………………167
第二节　租房心得 …………………………………………………………170
第三节　租房省钱攻略 ……………………………………………………173

第十三章　租房陷阱 ……………………………………………………177

第一节　选择中介租房注意事项 …………………………………………177
第二节　中介租房骗术汇总 ………………………………………………180
第三节　警惕"二房东" ……………………………………………………183
第四节　租房案例分析 ……………………………………………………185

第一部分 ONE 买房篇

第一章 二手房交易基础知识

第一节 房地产三级市场

"二手房"在人们的印象里,通常是旧房子的代称,而实际上二手房是指在业主持有环节中,再次进行买卖交易的住房。个人购买的新竣工的商品房、经济适用住房及单位自建住房,办完了产权证后,无论新旧,只要再次上市买卖,都称为二手房。因此二手房不是单纯意义上的旧房。

在房屋交易发达的国家是没有二手房、新房、旧房的概念区别的,取而代之的是期房(增量房)与现房(存量房)的区分,这是由城市开发的成熟度及有限的土地决定的。当发达国家城市开发到很成熟的时候,新开楼盘就会越来越少,慢慢地市场必将转为现房之间的流通。我国的房地产市场发展历程较短,内陆城市房地产尤其是商品房开发还不成熟,依旧是新增房大于存量房的市场状况,但在发达的沿海城市,比如上海、广州,早在2004年二手房的交易就已超过新房的交易量了。

随着城市经济及居民收入水平状况的改善,消费心理的不断成熟,购房市场细分的趋势日益明显。一方面越来越多的市民通过卖小买大,实现置业升级,他们的房源进入二手房市场后成为一手房市场的有力需求者;另一方面广大中低收入阶层、拆迁户、年轻人、投资者是二手房的主要客户群,使二手房市场显现出了强大的生命力。在2009年,北京地区二手房的成交数量首次超过了一手房,可谓实现了历史突破,从另一角度看,二手房正成为越来越多购房者的首选。随着时间的推移,二手房市场必将成为市场的主力。

那二手房市场与一手房市场、土地市场存在什么样的互动关系呢?二手房市场的火爆又对群众产生什么样的影响呢?下面是对通常的房地产交易市场的三级分类,也许会使你对二手房交易市场的概念有个初步认识,如图1-1所示。

一、一级市场

房地产一级市场俗称"土地市场",是指由国土部门掌握,通过协议、招标

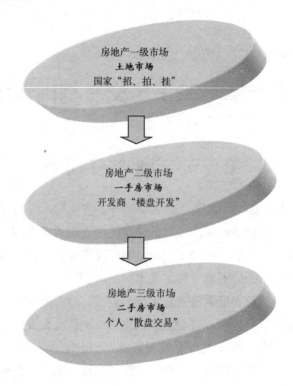

或拍卖的方式，将土地使用权转让给具有开发资格的房地产开发商。从2004年8月31日开始，国家明文规定，所有经营性土地都必须通过招标、挂牌或出让的方式进行土地交易，此举也终结了土地协议出让的历史，提高了土地使用价值和利用效率，当然也带动了近几年土地交易价格的暴涨。

按照当前的土地及房地产相关法律，我国的土地除了国家所有就是集体所有，不存在私人所有的情况，这是社会主义公有制的基础所决定的。但是土地的使用权可以进入市场流通，土地使用权的出卖者是国家。谁来代表国家呢？就是各级地方政府。由各级政府在各自规定的权限内代表国家来出让土地。

国家所有的土地，其使用权可以直接出让给买受人，但集体土地的使用权按照我国《土地管理法》的规定是不能进入市场流通的，必须是国家按照法定程序将其征用为国有土地以后才能进行出让，然后进入国有土地出让程序进行出让。在集体用地上盖出来的房子，由于其土地环节是非法持有，因此就被定义成"小产权房"，这种房子是无法取得国家合法的产权证的。也就是说，所有的土地必须是转为国有土地以后，土地的使用权才能出让。国家是土地使用权的唯一大卖主，整个土地一级市场实质上完全由国家来垄断。

二、二级市场

房地产二级市场俗称"楼盘开发",大家在每个城市随处可见的商品房开发楼盘,就属于此范围。二级市场是指土地使用者经过开发建设,将新建成的房地产进行出售和出租的市场。也就是说,商品房建成后首次进入流通领域进行交易、转让而形成的市场。随着我国房地产市场的不断发展,商品房二级市场在我国不断成熟。

新建商品房都属于二级市场,而二手房市场就属于三级市场范畴。

三、三级市场

房地产三级市场俗称"散盘交易",是指购买房地产的单位和个人——小业主在开发商处购买物业后,拥有该物业的所有权(以房产证为依据),将已经拥有的房地产转卖或转租的市场,也就是房地产再次进入流通领域进行交易而形成的市场。房地产三级市场的交易形式包括房屋的交换、抵押、典当等流通形式。二手房买卖属于房地产的三级市场。

房地产一、二、三级市场并不是各自独立互不相干的,而是相互联动的。比如,土地作为一级市场,基于土地资源的有限性,即土地具有不可再生的性质,可以预见,随着房地产业的迅猛发展,能用于城市建设的土地将越来越稀少和珍贵,所以,一级市场是一个逐步枯竭的市场。由于房地产一级市场是一个土地供应市场,房地产二级市场要受房地产一级市场土地供给量的影响,随着土地供给量的大大减少,二级市场的发展和扩大会受到根本性的制约,所以,从整体来讲房地产二级市场应该是逐步趋于平缓的,城市发展不可能无限制扩张。正因为如此,人们的住房消费需求将通过三级市场来得到满足。

房地产三级市场是整个房地产市场最为活跃、成交量将逐步放大的市场。而且,随着时间的推移,人们对住房的需求将不断变化,居住需求的满足,既是多层次的,又是多样化的。所以,房地产三级市场的市场潜力是无限宽广的。同时,房地产三级市场的发展,有利于二级市场空置房的消化,又会带动二级市场的发展。

同样对于购房者来说,购买二手房也是极其明智的选择,新建商品房一是价格高,购房者承受力有限;二是大部分新建商品房都地处郊区,交通和生活配套在短期内难以完善。因此对于广大购房者,尤其是年轻人来说,购买城区内交通便捷、生活配套完善、教育资源齐备、价格相对较低的二手房,无疑一举数得。

第二节 国家相关二手房政策解读

本节我们将带领读者了解二手房市场的相关政策,并从政策中理解国家对二手房市场的态度。从政府的角度来分析,二手房市场的发展,既可以解决中等收入人群的住房问题,且能缓解城郊之间的交通压力,又可以缓解新建住房供给不足、房价居高不下所形成的经济泡沫问题和社会稳定问题。二手房市场的发展稳定,既能起到稳定房价,又能达到国家经济可持续发展之目的。所以在我国,各级地方政府对二手房市场是持积极扶持态度的,近年来上到国家,下到各级地方政府,都密集出台了一系列有关二手房市场的法律法规和行业规范。

这里要重点提及的是,2008年全球深陷金融危机,我国为了搞活二手房市场,不少城市纷纷出台了有利于二手房市场的扶持政策,政策出台不仅使得二手房交易手续大为简化,交易费用大幅度下降甚至实行多项减免;各商业银行也采取了针对二手房贷款的优惠业务,降低了购买者的房贷压力。上述政策的出台,大大催热了二手房市场,全国各大城市的二手房成交出现了"井喷"的效果。

一、二手房税收政策

二手房交易环节的征税实行两头征收模式,不仅要对卖方征税,还要对买方征税。对卖方征收营业税、土地增值税、城市建设维护税、教育附加税、印花税、个人所得税等;对买方征收契税、印花税等。

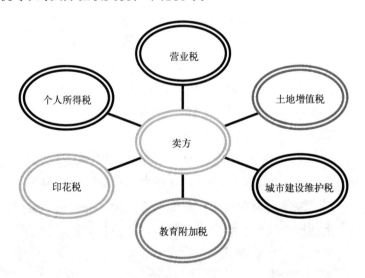

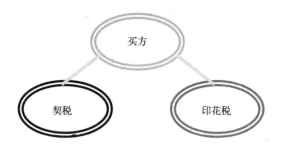

对二手房征税实质上是增大交易双方的成本，通过增大交易成本的方式来作用整个二手房市场，从而达到调控市场的目的，这是政府经常采用的手段。比如对卖方的征税加大，就会使交易房源减少，甚至萎缩，政府为了抑制二手房卖方的过度投机行为，防止炒房现象的发生，经常使用这种手段。这样做的结果也有其负面影响，尤其是在房价上涨阶段，如果二手房市场供不应求，卖家就会把自己承担的税费转嫁给买家，这种政策的出台等于变相推高了房价。因此增加卖方成本的做法不适应于当前的二手房市场环境。

自1999年到2003年期间，国家为贯彻积极的财政政策，鼓励房地产业的交易，在税收方面实行的是较为优惠的政策。

1. 2005年国家税费规定

在2005年，国家在由建设部、发改委、财政部、国土资源部、人民银行、税务总局和银监会七部委联合制定的《关于做好稳定住房价格工作的意见》("七部八条"或国八条)中对营业税的优惠政策做了调整。这次调整的主要目的显然是抵制投资性质的二手房交易，防止价格上涨幅度过大。为了打击房产中的不良投资行为，规定对购买不满两年的房子征收营业税，税费一下子变得复杂起来。根据权属性质、物业用途、购买年限的不同以及普通标准住房与非普通标准住房，所缴税费亦有不同。

根据国八条规定，各省、自治区、直辖市要根据实际情况，制定本地区享受优惠政策普通住房的具体标准。以北京为例，北京市建委发布的规定为：满足住宅小区建筑容积率1.0（含）以上；单套建筑面积在140（含）平方米以下；实际成交价低于同级别土地上住房平易交易价格1.2倍三个条件的房子才是普通住房。

2. 2008年国家税费规定

2008年爆发的全球金融危机也使中国经济陷入困境，为了刺激房地产交易市场，使中国尽快摆脱金融危机的影响，使经济尽快走出低谷，国家财政部、税务总局2008年10月22日下文，自2008年11月1日起，对个人首次购买90平方米及以下普通住房的，契税税率暂时统一下调到1%；对个人销售或购买住房暂免征收印花税；对个人销售住房暂免征收土地增值税。

2008年12月17日，国务院常务工作会议对二手房交易营业税作出新的规定，将现行个人购买普通住房超过5年（含5年）改为超过2年（含2年）转让的，免征营业税。将个人购买普通住房不足2年转让的，由按其转让收入全额征收营业税，改为按其转让收入减去购买住房原价的差额征收营业税。2008年年底对营业税年限的相应调整，加之契税、印花税等多项税费调整的综合累加作用，对2009年二手房市场特别是二手商品房市场的活跃度促进明显。

但此次对营业税为主的现有优惠政策的时间节点仅截止到2009年底，以后政策是否延续还是未知数，所以本文下节以2005年七部委出台的意见作为基础来对买卖双方征收的税费进行具体描述。2008年年底出台的税费政策也是在此基础上的优惠。

二、二手房金融政策

金融政策的本质作用是标杆调节作用，人们常说的"四两拨千斤"就是这样的道理。一般来讲，贷款条件放松，市场就活，银行的风险相应增大；相反，银根紧缩，严控贷款，则市场不容易获得资金，市场就会出现萎缩的趋势。

国家对二手房的金融政策主要体现在房贷政策上，也就是我们平常所说的"按揭"。按揭贷款从消费的角度来讲，作为一种超前消费的方式，正在成为人们一种主要的消费方式。以北京为例，据统计，以按揭贷款方式购房的比例能够占到整个房屋交易的70%，并且随着消费观念的进一步发展，这种消费方式会越来越多，并最终成为消费的主流。所以按揭贷款作为一项金融政策，对于二手房交易的影响是巨大的。

国家运用房贷政策的基本形式，一是提高或降低首付比例；二是提高或降低利率；三是增加存款准备金；四是提高或降低贷款的年限；五是增加或降低二手房贷款的标准，比如十年期以上二手房不办理房贷。

实践中，各商业银行为配合宏观调控而出台了相应的对二手房贷款的种种限制：如工商银行规定房龄15年以上的一律不给贷款，交通银行规定房龄加贷款年限不能超过30年，上海银行规定二手房贷款一律执行6.12%基准利率，还有些银行停止散户的二手房贷款，等等。人们通常通过对二手房贷款的宽严程度来预测二手房市场的前景。

1. 2007年二手房信贷管理

2007年9月27日，中国人民银行和银监会发布了《关于加强商业性房地产信贷管理的通知》（以下简称为《通知》或 927 文件）。该文件从对房地产开发贷款、土地储备贷款、住房消费贷款、商业用房购房贷款、房地产信贷征信体系及房地产贷款监测和风险作了一系列的严格规定。

927 文件通知对已利用贷款购买住房、又申请购买第二套（含）以上住房的，贷款首付款比例不得低于 40%，贷款利率不得低于中国人民银行公布的同期同档次基准利率的 1.1 倍。不得发放随房价上涨追加贷款的住房贷款，等等；对于城市居民的住房消费，新银行信贷政策是采取保护及鼓励的方式，仍然采取较低的住房贷款按揭比例，比如 90 平方米以下的贷款首付比例执行最低 20%，90 平方米以上的 30%，利率仍然采取的是优惠利率。

927 文件所强调的，是对国内房地产市场的住房消费与投资作一个严格的区分。因此，国内各商业银行的住房消费信贷政策就是要鼓励个人自住性购房而对投资性购房则进行某种程度的限制。

2. 2008 年二手房信贷管理

2008 年 10 月，中央在出台的房贷新政中首次提到"改善型普通自住房"的概念，称"金融机构对居民首次购买普通自住房和改善型普通自住房提供贷款，其贷款利率的下限可扩大为贷款基准利率的 0.7 倍，最低首付款比例调整为 20%"。对于中央"改善型住房"的定义来说属于二次置业，其二次置业的目的是为了自住，为了改善现有的住房条件，而非投资或炒卖。

第三节 二手房交易具体税费

在二手房交易过程中需要缴纳的税费，包括营业税、印花税、契税、土地出让金、综合地价款等多个税目。其中卖方要缴纳营业税、土地增值税、城市建设维护税、教育附加税、印花税、个人所得税等；买方要缴纳契税、印花税等。根据房屋种类不同，所缴税费各有差别，下面以北京为例来述之。

一、二手商品房税费标准

目前二手房税费国家是按照普通住宅和非普通住宅两种标准进行征收的，各地对普通住宅和非普通住宅的标准设定不一。因此二手房购买者在缴纳相关税费前，应根据各地标准查看自己的住宅是否属于普通住宅，然后按照不同标准缴纳税费。

1. 普通住宅交易

（1）购买不足 2 年：

卖房者（个人）应缴税款 = 印花税（0.05%）+ 全额综合税（营业税、城市维护建设税、教育费附加）（5.5%）

买房者应缴税款 = 契税（1.5%）+ 印花税（0.05%）

（2）购买超过 2 年（含 2 年）：

卖房者（个人）应缴税款 = 印花税（0.05%）

买房者应缴税款 = 契税（1.5%）+ 印花税（0.05%）

2. 非普通住宅交易

（1）购买不足 5 年：

卖房者（个人）应缴税款 = 印花税（0.05%）+ 全额综合税（5.5%）

买房者应缴税款 = 契税（3%）+ 印花税（0.05%）

（2）购买超过 5 年（含 5 年）：

卖房者(个人)应缴税款 = 印花税(0.05%)+ 差额综合税(卖出价 - 买入价)的 5.5%

买房者应缴税款 = 契税（3%）+ 印花税（0.05%）

特别注明：上述计算未包含个人所得税，因为个人所得税为自由申报，目前基本上无人上报，相关部门也没有精力来进行审核查验。

二、二手商品房税费具体缴纳案例

1. 第一类：符合普通标准住房的商品房

假设您的房子面积为 100 平方米，买进价为 60 万元，售出价为 65 万元，所需要缴纳的税费按房子取得产权证的时间不同有以下几种情况：

（1）取得产权证或完税发票时间不满 2 年

	税 种	计算过程	提示
卖方	营业税、城市维护建设税、教育费附加	销售额 × 5.5% = 650000 × 5.5% = 35750	营业税、个税不享受优惠标准，但个人所得税为自由申报
	印花税	销售额 × 0.05% = 650000 × 0.05% = 325	
	土地增值税	免征	
	个人所得税	应纳税额 = 售出价-买进价-合理费用（印花税+营业税+教育费附加+城市维护建设税）× 20% = (650000-600000-35750-325) × 20% = 2785	
	合计（元）	38860	
买方	契税	销售额 × 1.5% = 650000 × 1.5% = 9750	
	印花税	销售额 × 0.05% = 650000 × 0.05% = 325	
	合计（元）	10075	

（2）取得产权或完税发票时间 2 年至 5 年

	税 种	计 算 过 程	提 示
卖方	营业税、城市维护建设税、教育费附加	免征	营业税免征，个人所得税为自由申报
	印花税	销售额×0.05%＝650000×0.05%＝325	
	土地增值税	免征	
	个人所得税	应纳税额＝售出价-买进价-合理费用（印花税）×20%＝（650000-600000-325）×20%＝9935	
	合计（元）	10260	
买方	契税	销售额×1.5%＝650000×1.5%＝9750	
	印花税	销售额×0.05%＝650000×0.05%＝325	
	合计（元）	10075	

（3）取得产权证或完税发票时间 5 年以上

	税 种	计 算 过 程	提 示
卖方	营业税、城市维护建设税、教育费附加	免征	1.营业税免征 2.个人所得税免征
	印花税	销售额×0.05%＝650000×0.05%＝325	
	土地增值税	免征	
	个人所得税	免征	
	合计（元）	325	
买方	契税	销售额×1.5%＝650000×1.5%＝9750	
	印花税	销售额×0.05%＝650000×0.05%＝325	
	合计（元）	10075	

注：对于符合普通标准住房的已购公房与上述二手商品房的计算方式相同，只是卖方在缴税个人所得税时计算个人所得金额时，其买进价按市场价计算，而不是按当年购买的成本价计算。

2. 第二类：非普通标准住房

卖方以 91 万元的开发票的价格购入一套 140 平方米的房子，现以成交总价 98 万元售给买方，此房子为非普通住宅商品房。

(1) 假设取得产权证或完税发票的时间在 1 年以内：

	税 种	计算过程	提示
卖方	营业税、城市维护建设税、教育费附加	售出价×5.5%＝980000×5.5%＝53900	征收营业税，土地增值税、个人所得税为自由申报制
	印花税	售出价×0.05%＝980000×0.05%＝490	
	土地增值税	增值额×30%＝转让房地产收入-扣除项目金额之和（营业税、城市维护建设税、教育费附加、印花税）×30%＝（980000-91000-53900-490）×30%＝4683 注：因为此套房子的增值率为1.6%，即增值额占扣除项目金额之和的1.6%，未超过扣除项目金额的50%，因此适用增值税的第一档税率即30%。	
	个人所得税	应纳税额＝售出价-买进价-合理费用（印花税+营业税+教育费附加+城市维护建设税）×20%＝（980000-910000-490-53900）×20%＝3122	
	合计（元）	62195	
买方	契税	销售额×3%＝980000×3%＝29400	
	印花税	销售额×0.05%＝980000×0.05%＝490	
	合计（元）	29890	

(2) 假设取得产权或完税发票的时间在 2-3 年内：

	税 种	计算过程	提示
卖方	营业税、城市维护建设税、教育费附加	（售出价-买进价）×5.5%＝（980000-910000）×5.5%＝3850	1.营业税按差价征收 2.土地增值税，个人所得税为自由申报制
	印花税	售出价×0.05%＝980000×0.05%＝490	
	土地增值税	增值额×30%＝转让房地产收入-扣除项目金额之和（营业税、城市维护建设税、教育费附加、印花税）×30%＝（980000-91000-3850-490）×30%＝19698 注：因为此套房子的增值率为7.6%，即增值额占扣除项目金额之和的7.6%，未超过扣除项目金额的50%，因此适用增值税的第一档税率即30%。	
	个人所得税	应纳税额＝售出价-买进价-合理费用（印花税+营业税+教育费附加+城市维护建设税）×20%＝（980000-910000-490-3850）×20%＝13132	
	合计（元）	37170元	
买方	契税	销售额×3%＝980000×3%＝29400	
	印花税	销售额×0.05%＝980000×0.05%＝490	
	合计（元）	29890	

(3) 假设取得产权证或完税发票的时间在 3-5 年内：

	税 种	计算过程	提示
卖方	营业税、城市维护建设税、教育费附加	（售出价-买进价）×5.5%=（980000-910000）×5.5%=3850	1.土地增值税减半征收 2.土地增值税、个人所得税为自由申报制
	印花税	售出价×0.05%=980000×0.05%=490	
	土地增值税	增值额×30%=转让房地产收入-扣除项目金额之和（营业税、城市维护建设税、教育费附加、印花税）×30%/2=（980000-91000-3850-490）×30%/2=9849 注：因为此套房子的增值率为7.6%，即增值额占扣除项目金额之和的7.6%，未超过扣除项目金额的50%，因此适用增值税的第一档税率即30%。	
	个人所得税	应纳税额=售出价-买进价-合理费用（印花税+营业税+教育费附加+城市维护建设税）×20%=（980000-910000-490-3850）×20%=13132	
	合计（元）	27231	
买方	契税	销售额×3%=980000×3%=29400	
	印花税	销售额×0.05%=980000×0.05%=490	
	合计（元）	29890	

(4) 假设取得产权证或完税发票时间在 5 年以上的，又是家庭唯一住房的：

	税 种	计算过程	提示
卖方	营业税、城市维护建设税、教育费附加	（售出价-买进价）×5.5%=（980000-910000）×5.5%=3850	1.免征个人所得税 2.免征增值税
	印花税	售出价×0.05%=980000×0.05%=490	
	土地增值税	免征	
	个人所得税	免征	
	合计（元）	4340	
买方	契税	销售额×3%=980000×3%=29400	
	印花税	销售额×0.05%=980000×0.05%=490	
	合计（元）	29890	

三、二手经济适用房税费标准

经济适用房的上市交易是以5年期为界限的,5年前和5年后国家实施不同的征税标准,具体如下。

1. 原房主购买经济适用房不满5年的

要求不得超过原预购单价转让给具备购经济适用房资格的买家。

卖方(原房主)所缴税款=印花税(0.05%);

买方所缴纳税款:

一种情况是如果政府对购房人审批的总房价大于实际购买房屋的成交总价,则买方需缴纳税费有契税(按成交价的1.5%缴纳)和印花税(按成交价的0.05%缴纳)

另一种情况是如果政府对购房人审批的购房总价低于实际购买房屋的成交总价,则买方需缴纳税费有:契税(按成交价的1.5%缴纳)和印花税(按成交价的0.05%缴纳),和差价部分的综合地价款10%。

2. 房主购买该经济适用房已满5年的

房主购买该经济适用房已满5年的可按市场价出售。

卖方所缴税款=印花税(0.05%)+综合地价款(10%) 买方所缴税款=印花税(0.05%)+契税(1.5%)

综合地价款=成交价(已购经济适用房再上市买卖指导价)×10%

四、二手经济适用房税费具体案例:

1. 不满5年

一套5年以内出售的经济适用房,建筑面积为60平方米,总价为15.9万元。则买卖双方需缴纳的税费如下:

	情形	缴纳税款
卖方	房屋只能出售给满足购买经济适用房条件的人,且出售价格不应高于购买时的价格。	印花税=159000×0.05%=79.5元
买方	如果政府对购房人审批的总房价大于实际购买房屋的成交总价(15.9万元),则买方需缴纳税费有:	契税=159000×1.5%=2385元 印花税=159000×0.05%=79.5元 合计:2464.5
买方	如果政府对购房人审批的购房总价低于实际购买房屋的成交总价(15.9万元),则买方需缴纳税费有:	契税=159000×1.5%=2385元, 印花税=159000×0.05%=79.5元, 综合地价款=(159000-130000)×10%=2900元 合计:5364.5

2. 已满 5 年

经济适用房建筑面积为 80 平方米，当时购入价为 21.2 万元。现房主打算以 35 万元的总价将其售出。由于该套房屋出售时房主持有时间超过 5 年，则该套房屋可以出售给任何消费者，并可以市场价出售。买卖双方需缴纳的税费如下：

	需缴纳税款
卖 方	印花税＝350000×0.05%＝175元 综合地价款＝350000×10%＝35000 合计：35175元
买 方	印花税＝350000×0.05%＝175元 契税＝350000×1.5%＝5250 合计：5425元

第四节 选择二手房的理由

如今，二手房交易已成为市民消费的热点，以北京市为例，近年来，二手房交易量一路走高，成交量从 2002 的 0.8 万套到 2006 年的 7.6 万套，2009 年更是取得历史性突破，年成交套数达到惊人的 20 万套，一举超过一手房市场，成为商品房成交量的绝对主角。成交量年均增幅高达 50%。在深圳、广州、上海等地的房地产市场上，二手房交易也显示了强劲的后发优势。从未来发展看，全国的二手房市场一定会超过一手房，这是历史发展的必然。

二手房为什么这么"火"？为什么一大批城市居民对二手房趋之若鹜？一切都源于二手房独有的优势，相对于购买新建商品房而言，现实中二手房的下列优势吸引着不同的买家，能满足其各种需求。

一、价格便宜

由于我国房地产市场发展过程的不规范，房价现状与居民收之相比显然过高。如今，购房支出已成为大多数城市家庭的巨大负担，因此价格便宜是二手房最大的优势。

1. 从消费角度来看

二手房交易发生在小业主与购买者之间。购买二手房的人基本上是用来自住的，在中小城市尤其如此。出售二手房的多以改善现有居住条件或筹措资金等正当目的为主，这种良性动机是促进二手房市场积极、健康发展的原动力，较少存在泡沫空间。

在一手房交易中，开发商在楼盘销售中处于强势地位，对价格操控能力相对较强，几乎不容许购房者有讨价还价的余地，普通购房百姓相对于开发商而言处于弱势地位，在这种强弱分明的不平等价格博弈中，开发商与购房者之间是很难达成共识的。相反，二手房交易双方是平等的个体，其最终成交价格是由买卖双方通过平等的讨价还价方式达成的，交易成功率较高。而且买二手房还经常能碰到急于出手的房主，可以趁机压价，买套非常划算的房子。因此在目前二手房市场还不是特别成熟的情况下，还是能淘到非常合适的房子的。

2. 从投资角度来看

单纯从价格上看，旧房肯定比新房便宜，所以一部分人会在买不起新房后心理变得越来越成熟，进而要有意无意地退而求其次，择二手房。为此，必然会带动二手房市场的火爆。同一项目的二手房竟比新房卖得还贵便是最好的证明。这必然会吸引一些比较有投资眼光的人进入二手房市场，大有抓住楼市最后一块淘金领域之势。

二、位置、交通、配套优势

二手房的优势很明显，那就是位置好、交通便利、配套设施成熟。

土地的价值对房屋的价值影响很大。目前市场上的二手房大都是老城区的房子，位于市中心地段，交通便利，对于事业初始阶段的上班族非常有利。

由于是老房子，市政配套设施也已成熟，不易出现某些新建商品房搬进去一年了还未通天然气，供暖设备三天两头检修、调试，其他设施也是小毛病不断等问题。

另外，如今二手房大部分为成本价购买的单位住房，小区已建设多年，已成为成熟社区，各项配套设施均已齐备：购物、娱乐、子女入托、入学在小区辐射区内都能满足。而许多新的楼盘，居住区刚刚形成，交通、购物、子女入学等配套设施及服务尚不完善，社区配套设施的完备仍然要有待时日。

三、所见即所得

二手房都是现房，周边配套设施、交通状况、物业管理水平等都已成熟，买卖双方明明白白交易。不像买期房，购买的时候可能只看到开发商的公告、沙盘、样板间、效果图，听到开发商若干美妙许诺，但房子真正建成时往往就不一样了。二手房房屋现状如何，建筑物的整体质量如何，基本一目了然；不像有些新建商品房，外表看上去很漂亮，但住不了多久或是墙体裂缝，或是墙面渗水，不断暴露出建筑质量问题。因此，我们常见到的现象是，购房者买了开发商的房子以后，因为各种问题投入到维权的斗争中去。

较之风险重重的一手房市场,某种意义上二手房是经得起考验的房产,所以越来越深受购房者青睐,已成为越来越多中、高收入购房群体所注目的焦点。

四、即买即住

有些二手房本身是质量相当不错,如装修较好,开通电话、有线电视、宽带等业务。买主不用装修或稍作装修即可入住,电信配套服务只需过户即可享受,无需等待。如此不但能够节省一大笔装修费用,还因为缩短了入住时间而节省了另外一笔租房的费用,生活方便自然身心愉悦,何乐而不为?

五、产权明晰

能上市交易的二手房,都是产权非常明晰的房产,因此在签订了房地产买卖合同、支付了房价款之后,就可以办理产权变更、过户等手续,很快就能拿到房产证。不像购买商品房,有些已经入住好几年了,产权证却没有办妥。甚至可能因购买的商品房先天不足,手续不完备,还有产权证办不下来的风险。

第五节 二手房产权类别

由于历史原因和我国房地产开发初期动作的不规范,致使"二手房"的产权状况非常复杂,购房者一定要搞清楚,才能避免日后纠纷。归纳起来二手房产权有以下几种:

完全产权:包括二手商品房,以成本价购买的"房改房"、经济适用房;

部分产权:职工以标准价购买的房改房;

联合建房的产权问题:一方利用无偿划拨的土地,一方出钱建房。因为没有缴纳土地出让金,此类房屋无法进入房地产交易市场。

集体所有制土地上所建房屋,即俗称的乡产权房或小产权房。

虽然目前住宅市场上的房产存在着多种多样的称呼,如商品房、经济适用住房、集资建房以及房改房、回迁房、已购公房、央产房等,二手房就从这些各种名称的房产所拥有的房屋中产生(后面将就这些种类的二手房进行介绍)。但规范地讲,从居民手中所拥有的房屋产权证书来看,房屋的产权基本上有三种:普通商品房、经济适用住房、房改房,如图1-4所示。这三种产权证书都是购房者拥有房屋所有权的合法书面凭证,都受到法律的保护,只是在使用和交易方面有着一定的区别。

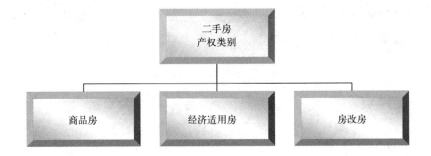

一、商品房

商品房是指开发商以市场价取得土地使用权进行开发建设,并经过国土部门批准在市场上流通的房地产,包含住宅、经营用房以及其他建筑物。1998年开始兴建的经济适用房也是特殊的商品房。从销售来看,商品房又分为现房销售、期房销售;从用途看,分普通住宅、公寓、别墅等。凡是自建、参建、委托建造、自用的住宅或其他建筑物不属于商品房范畴。

随着市场经济的发展,商品房在市场中占有较大的比重,占据着市场的主导地位。商品房有着完整的房屋所有权,包括房屋占有权、使用权、处置权和收益权。普通商品房的产权证书拥有全部的四项权利,在不违反法律规定的情况下,可以自由地转让、出租或赠与,不受任何单位或个人的限制和干涉,其收益全部归个人所有,购买人除税费外不需要交其他的费用。

商品房产权的房屋,其价格是受市场供需决定的,所以在销售对象上没有什么限制,不仅对本地户口的人放开(无论是农业户口还是城镇户口),而且也对外地户口的人放开,甚至对外国公民及港澳台公民也放开。

二、经济适用房

经济适用房是指以微利价出售给广大中低收入家庭的商品房,它是具有社会保障性质的商品住宅。土地供应原则上实行划拨方式,住房设计上具有经济性和适用性的特色。经济性是指住宅价钱相对于市场价钱而言,是适中的,能够适应中低收入家庭的承受才行;适用性是指在使用功能上要满足居民的基本生活需要。经济适用房的供应价格由经济适用住房建设的行政主管部门会同物价部门按建设成本确定。

这类住宅因减免了工程报建中的部分费用,如国家以无偿划拨的方式将土地提供给开发商使用,其成本略低于普通商品房,故称为经济适用房。和商品房不同的是，买卖经济适用房需受一定的限制。

1. 经济适用房出售时的对象限制

由于经济适用住房是政府为解决中低收入家庭的住房问题，让这些家庭享受免交土地出让金以及减免相关税费等优惠政策，所以在销售对象方面，有一定的限制条件。以北京市为例：首先必须是本市城镇职工；其次是家庭年收入在6万元以下；再次，必须是无房职工或住房没达标的职工。只有符合这三个条件才可购买经济适用房。

2. 已购经济适用房再上市时的交易限制

（1）年限的限制

根据建设部、国家发改委、国土资源部、人民银行报送国务院的《经济适用住房管理办法》规定，"经济适用住房在取得房屋所有权证和土地使用证一定年限后，方可按市场价上市出售"。

（2）费用的限制

经济适用房在出售时，原购买人要按经济适用房所在地标定地价（标定地价指政府根据管理需要，评估的某一宗地在正常市场条件下于某一估价日期的土地使用权价格，是该类土地在该区域的标准指导价格）的10%缴纳土地出让金。

三、房改房

房改房是有一定的福利性质的，是各产权单位按照政府每年公布的房改房价格出售给本单位职工的住房。这类房屋来源一般是单位购买的商品房、自建房屋、集资建房等。

房改房的产权可分为三种：第一种是按成本价购买的房改房；第二种是按标准价购买的房改房；第三种是按标准优惠价购买的房改房。与此相对应的有三种产权证：按成本价购买的产权证；按标准价购买的产权证；按标准优惠价购买的产权证。

1. 按成本价购买的房改房

按成本价购买的房改房，其房屋的使用、占有、处置的权利全部归产权人所有，不需经过原产权单位同意就可处置。但其房产证上有未缴纳土地出让金和以成本价购买等记载，因此在进行转让时，买卖双方应根据各地不同的规定补交一定的费用，否则不能办理过户手续。

2. 按标准价购买的房改房

按标准价（价格低于成本价）购买的房改房，其房屋的使用、占有、处置的权利全部归产权人所有，也不需经过原产权单位同意就可处置。在 2003 年之前，已购房改房（含成本价和标准价房）上市需审批，收益需按一定标准和原产权单位分成，标准价房改房出售时原产权单位还拥有优先购买权，这些限制如今都已取消（除非在与产权单位签订的公有住房买卖合同中有特殊约定）。

在进行转让时，买卖双方也应根据各地不同的规定补交一定费用，否则不能办理过户手续。

3. 按标准优惠价购买的房改房

按标准优惠价购买的房改房与按标准价购买的房改房的限制条件是一样的。

标准优惠价是比标准价更优惠的一种方式，按照标准优惠价购买的房改房，其产权人要想再上市交易时，与标准价产权房改房的交易是一样的。

第六节 二手房购买流程

二手房购买流程很多，有的购房者自己单独和卖房者联系完成交易，有的购房者需银行贷款才能完成交易。

我们以购房者在中介的帮助下并需要银行贷款的情况来介绍每个阶段，每个阶段都有需要注意的事项。一般分为以下几个阶段：寻找房源→看房→签约→评估→贷款→过户面签→领证→物业交割→办理土地证如图 1-5 所示。

一、寻找房源

在购房前购房者首先根据资金实力、还款能力等估算自己的实际购买力，并根据工作生活的需要，确定房屋的区位、面积、价格、楼层、朝向等。

通过中介交易的好处是：在交易的全过程，有正规中介公司专业经纪人的参与和协助，交易双方在安全性方面的保障程度较大，尤其在进行较大的交易时，买方对交易过程的安全性考虑会更多，委托一家信誉好的中介公司代理交易，会感到比较放心、安全；交易双方规避纠纷的难度较小，专业经纪人对房地产合同条款、相关法规等知识比较熟悉，在他们的参与指导下，交易双方能比较有效地规避纠纷；中介公司的信息数量大、范围广，可供选择的余地比较大。

通过中介交易的不足之处是：交易双方通过中介交流信息，增加了中间环节，信息交流的速度放慢；成交后，交易双方需要按规定向中介公司缴纳中介费用，会增加费用开支。

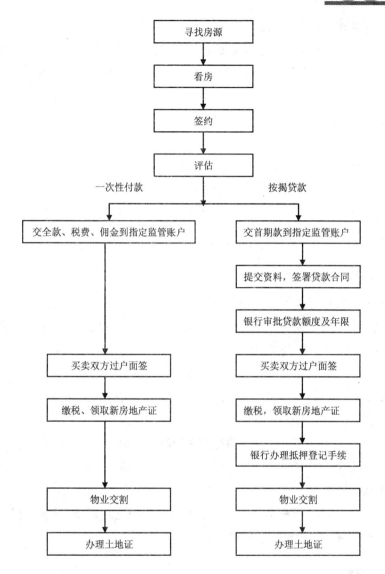

自寻房源的情况下，通过各种方式找到合适的房源后打电话给相应的中介公司或个人，但是必须认真对信息的真实性与实用性进行详细的甄别，以免浪费不必要的精力。

二、看房

在看房时弄清房屋产权是买卖房产的"必修课"，只有产权清晰的房产才能顺利上市交易，否则可能会遇到意想不到的麻烦。

看房要从交通、环境、户型、房屋质量、周边生活设施等五方面一一考量，其实这也是大部分购房者对最关心的五个方面：

1. 看居住的交通便利度。小区的出入口最好在交通主干线路边，车辆的进出能得到保证。还有小区最好在公交车站的 300 米范围内，这个距离不会让人感到劳累。

2. 看小区环境的舒适度。包括绿化率、活动场所等。

3. 看房屋本身的户型结构选择户型。要着重注意采光和通风。

4. 看房屋内在的质量细节。包括渗水漏水、房屋开裂、门窗质量、市政配套设施、私搭私建、房屋装修等 6 个细节。

5. 看周边生活设施的齐全性。包括幼儿园、学校、购物、银行、医院等设施是否完备。

三、签约

双方经过价格等其他条件协商一致，在中介公司的撮合下开始正式签约。签约是房屋买卖双方意见达成一致最终付诸合同进而根据合同条款履约的重要环节，是体现买卖双方权利义务的重要凭据。签约需要注意的事项：

1. 卖方房屋如果是夫妻共有财产，在签约时最好夫妻双方同时到场；如果不是房屋所有权人到场签约的，卖方代理人必须出具有效的委托书（一些地方规定需要出具经过公证处公证的委托书）。

2. 合同条款中必须写明房屋情况、总价款、付款方式、付款条件、申请按揭贷款方式、定金交付时间、尾款交付期限、各种税费如何分摊、交房时间、交房时所留附属设施等。

3. 合同应该规定哪些系违约情形以及如何承担违约责任、违约金赔偿制度，如果合同有附件，应说明附件的效力。

四、评估

签约完毕后就要进行后续手续，评估是第一个环节，是为下面的贷款和过户所做的对房屋实际价值的估价。评估报告有两种：贷款评估报告（评估价确定贷款的额度），契税评估报告（评估价确定过户时缴纳的税费）。

五、贷款

对于有贷款需求的客户，评估之后就是进行贷款手续，接着才能办理过户面签手续。二手房贷款分商业贷款、公积金贷款和组合贷款（商业贷款和公积金贷款相结合）三种。贷款需要注意的事项：

1. 贷款一般都是由中介公司带领买方上银行办理（卖方无须到场），主要是办理贷款签字程序，一般 3-5 个工作日如果没有特殊情况银行就会审批通过（但银行放款必须等过户完毕房屋所有权证出件之后），通过之后银行会出具《借款合同》和《抵押合同》若干份。

2. 原房屋如果有贷款还未还清，必须还清之后才能帮买方办理贷款手续；所以卖方必须预约银行进行提前还贷手续；

六、过户面签

贷款手续办理完毕，接着办理买卖流程的关键手续：过户面签。法律规定：不动产交易以产权登记为要件，也就是说过户才是房屋实现真正交易的手续。

1. 过户需要注意的事项

（1）过户面签一般由中介公司带领买卖双方到房管局产权监理处的过户大厅办理，主要是办理过户面签手续，材料准备齐全，费用缴纳完毕，面签手续结束后（房屋所有权证会收掉），产监处出具《领证通知单》。

（2）如果房屋产权属于优产，在过户面签之前，需要缴纳一定费用，到房管局档案中心进行"查档"手续。

（3）过户面签需要买卖双方（夫妻双方）同时到场，在产监处工作人员的面前签字确认转让房屋；如果本人不能到场由代理人过户签字的，需出具公证的委托书。如购买方有一方不能到场，只要提供夫妻双方的身份证原件和结婚证原件就可以了。

2. 过户需要携带的证件

卖方：

①房屋所有权证、国有土地证原件及复印件各 1 份；②卖方夫妻身份证原件及复印件 2 份；③卖方夫妻结婚证原件及复印件 1 份；④如果是优产房则卖方要提供夫妻户口簿原件；⑤契税评估报告 1 份。

买方：

①买方夫妻身份证原件及复印件 1 份；②买方夫妻结婚证原件及复印件 1 份；③银行《借款合同》和《抵押合同》各 1 份。

七、领证

过户面签时产监处出具的《领证通知单》上面详细说明了领证的日期（一般

从过户面签之日起算,9个工作日),届时可以直接领取新的房屋所有权证(买方名字的所有权证),房屋法律意义上的交易就此结束。领证需要注意的事项:

1. 领证可以由买方带好身份证原件和《领证通知单》到产权监理处领证窗口领取新的房屋所有权证。

2. 产监处在核发新的房屋所有权证的同时,如果买方有银行贷款,会同时出具《房屋他项权证》,《房屋他项权证》交给贷款银行,银行随即下放贷款。

八、物业交割

物业交割是买卖双方交易过程中最后一次接触的手续,主要有:

1. 结清水费、电费、管道煤气费、有线电视费、电话宽带费和物业管理费等有关该房屋的一切费用。

2. 买方检查签约时合同写明的卖方同意遗留下的设施(如空调、家具等)。为避免后期发生扯皮现象,物业交割完毕后,双方应签字确认,结清房屋尾款和相关费用。

3. 到当地派出所确认此房里面无户口。

九、办理土地证

土地证的办理完全是买方的事情,也可以由中介公司代为操作。办理程序比较简单,办理过程中缴纳一定的费用,到国土局办理当日就能出证。

第二章　寻找房源阶段

第一节　明确购房目的

　　凡事预则立，不预则废，更何况是买房置业这样的人生大事，涉及每个人方方面面的细节与利益，一个不小心，一生心血就付诸东流，影响了个人长久的生活品质，尤其是第一次置业的朋友们。所以无论是从二级市场开发商手里买房还是从三级市场淘宝，在行动之前都应经过一个缜密的思考与详细的规划，在心中形成一个清晰的规划蓝图，这样才能在选房看房的时候做到以平静的心态进行筛选，不至于受一时感观及他人言语的诱惑，冲动消费、追悔莫及。

　　房价是涨是跌？到底现在该不该买房？对于持币待购的市民来讲，更加犹豫不决了。其实对于自住型购房者而言，买房子最大的目的是为了自用，短期内房价的涨跌并不能完全影响人们的置业计划，还是应结合自身需求进行选择：

　　成立新家庭。

　　现住房屋太旧、环境嘈杂，想过得更舒适。

　　交通不便，通勤成本高。

　　人口增加，空间不够使用。

　　想让孩子在理想的好学校上学，只能办理户口迁移。

　　厌烦了没有归属感的租房生涯。

　　二手房的情况各异，种类繁多，在你愿意购买二手房，向往安居乐业时，就需要慎重考虑：自己究竟想要怎样的房屋？无论买房出于何种目的，都需要了解一件事，那就是购房无小事！原因很简单，对于我们每个普通人来讲，购买不动产大概是自己一生中最为重要的消费行为了。

　　关于房子，有塔楼、有板楼，有小高层、有别墅；有经济适用房，有普通商品房；有欧式建筑，有传统建筑……购房时，要寻找与自己的目的和预算最为契合的房屋，既不追慕虚荣，也不一味追求便宜，而是买最合适的。通常人们对于房屋会有这样的几点要求：

　　安全；

私密；

空间灵活；

实用；

美观；

配套；

交通

环境；

物业；

规划等。

明确自身需求与对居住房屋的要求，我们因此说，房子绝不是简单的水泥与钢筋的混合体。关于买房，100个人有100个不同的需求，但目的只有一个，就是住，不是自己住就是租给别人住。

一、住家看"舒适"

这里的以"住家"为目的，主要是指中、老年人为长期安定，居家购买二手房。

这种购房者的经济实力比较稳定，家庭状况比较安定，房屋是家庭成员活动的最主要场所。对于长期生活在住家的家庭成员而言，"舒适"自然是最重要的需求。

"舒适"是一个综合的概念，主要是方便生活，有助于满足不同家庭成员的不同需求。因此，以居家为目的买房，户型和环境应当首先考虑。一般是根据家庭成员数量决定房屋的居室构成状况；而且当下对居室结构的设计潮流是厅大室小，对外有利于家庭组织社交活动，对内有利于家庭成员促进交流，充分营造其乐融融的家庭氛围。房屋所在区域的环境应具有生活气息，即所谓的"宜居"。

二、过渡看"价格"

所谓"过渡"，主要是指年轻人为阶段性居住而购买的二手房。

年轻人创业初期，由于自身努力和家庭支持，有了一定的经济实力，打算买一套自己的房屋居住。但年轻人毕竟立业未稳，人生的路还很长，未来的生活走向、社会大环境和房产的发展趋势也充满多种可能。如果经济实力有限，却一次性投入现阶段还难以承担的钱款来买房，试图一劳永逸、一次到位，则很容易背上沉重的经济负担，被昂贵的房子压得透不过气来。纵观房地产市场比较成熟的国家，大多数家庭都有二次甚至三次置业的经历，在不同的时期以不同的房产满足不同的家庭需求。

由于年轻人首次置业的主要目的还在于"过渡",在满足基本生活需求的前提下,价格就成为选房时应考虑的主要因素。因此,单价较低的二手房就成为年轻购房人追捧的热点。此类二手房能满足住户的阶段性需求,在住户实力增长、需求升级、对房产进行更新换代之际,也能较顺利地转让或出租,实现保值增值。

三、投资看"区位"

由于房产是一种稀缺资源,在市场经济条件下,稀缺的就是能带来财富的。因此买房不为自己居用而为投资聚财者,大有人在。影响极大、最极端的事例就是"炒房团"——依附于国有土地之上的房产资源若是被国家垄断尚且名正言顺,被个人、团体钻空子牟取暴利就难怪广大老百姓深恶痛绝!投机应被坚决反对和制裁,这正是近年来国家法律、政策旗帜鲜明昭示的。但投资应得到支持,普通城市居民适当购买多余房产进行出租,或在一定的时期进行转让从中获利,这是适当促进消费,理性筹措家庭发展资金的正当行为。

对此类以投资为目的的购房人而言,房屋的区位无疑是最重要的。区位好,才具有出租或转让的优势;区位好,能削弱房屋在户型、配套环境等方面的劣势。因此以投资为目的挑选二手房,应该着重关注房屋所在区域的功能、附近的人员结构、周边公司企业分布情况、交通状况,以及该区域的规划前景等要点。作为投资者,眼光一定要比普通购房者高明,才能获取更丰厚的回报。

四、商用看"人气"

此处以商用为目的购房,是指购房者购买二手房为自身进行商品经营活动提供方便。当然这里需要考察的因素,也肯定是以商用房产为对象的投资者需要关注的。

聚人气才能聚财气,因此商用目的购房,首先要考虑房产所在地的人气如何。当然,不同的商品经营领域相关的人气指数又有所区别。

俗话说:安居,居能安,一家人才能各自安心在工作、学业的领域里追求卓越绩效,成就人生梦想。可见买到理想的房子,对家庭成员有多重要。

在选房过程中,根据购房目的的不同,需要衡量的事情非常多。事实上,随着二手房市场放量的增长(尤其是越来越多的商品房投放二手房市场),以买一手商品房那般对房屋品质的挑剔精神来选择二手房,也是大有可为。由于如今的新建住宅有高总价、郊区化的趋势，加上有关部门的调控手段以及对二手房中介市场的整顿等政策，相信更多的购房者将倾向于二手房消费。

第二节　不能上市交易的二手房

二手房交易市场属于房地产的三级市场，也就是拥有物业所有权的个人将拥有的房地产转卖或转租，也就是俗称的"散盘交易"。这种散盘交易决定了二手房的类型不同、来源不同、性质不同。为了保证房地产市场的健康、规范运行，政府对二手房交易实行了准入制度。在购买二手房之前，并不需要对二手房的各个种类了解达到专家的程度，但防患于未然，知晓二手房交易的禁止情形，无疑是打了一剂预防针。

二手房交易关键是明确房屋的产权，只有产权明晰的房屋才能进行二手房交易。各种类型的房屋不允许在二手房市场上进行交易。

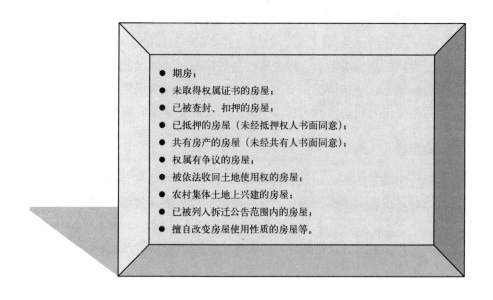

- 期房；
- 未取得权属证书的房屋；
- 已被查封、扣押的房屋；
- 已抵押的房屋（未经抵押权人书面同意）；
- 共有房产的房屋（未经共有人书面同意）；
- 权属有争议的房屋；
- 被依法收回土地使用权的房屋；
- 农村集体土地上兴建的房屋；
- 已被列入拆迁公告范围内的房屋；
- 擅自改变房屋使用性质的房屋等。

一、期房

从商品房的整个开发过程来看，商品房有两种形态：期房和现房。

所谓期房就是指开发商取得商品房预售许可证后到完成商品房初始登记为止之前的商品房。商品房预售许可证表明开发商有预售的资格，商品房初始登记是指开发商取得整个商品房的所有权证，或者叫大产权证。

所谓现房是指已经完工的房地产项目，在经过有关部门验收后，可取得房地产权证，办理初始登记。购房者在这一阶段购买商品房时应签订现房出售合同。

在期房成为现房之前，更容易形成投机性炒房和投资性购房，从而导致泡沫的产生，因此转让过程中蕴含着巨大的风险。为此，2005 年七部委发布的《关于做好稳定住房价格工作的意见》（"七部八条"）中明令禁止期房转让。禁止商品房预购人将购买的未竣工的预售商品房再行转让；在预售商品房竣工交付、预购人取得房屋所有权证之前，房地产主管部门不得为其办理转让等手续；房屋所有权申请人与登记备案的预售合同载明的预购人不一致的，房屋权属登记机关不得为其办理房屋权属登记手续。

二、未取得权属证书的房屋

权属证书一般是指房屋所有权证，根据《房地产管理法》的规定，房屋所有权证是房屋所有权人享有所有权的唯一合法凭证。在我国，房屋所有权的取得以登记为准，经过房屋管理的机关登记，然后进行房屋所有权的发证。

在未取得房屋所有权证之前，从法律上讲，还不能确定房屋的所有权人，意味着房屋还没有具有处分权的主体。这样的房屋是无法进行转让的。此种房屋如果转让，那么办理房屋产权过户将会遇到法律障碍，无法办理过户。例如一些只有使用权没有所有权的公房或一些只有有限产权的房改房等。

三、已被查封、扣押的房屋

这类是指被法院、检察院等国家司法机关或公安等行政机关，裁定、决定或以其他形式查封、扣押的房屋。上述机关代表国家行使司法权力和行政权力，对房屋的查封和扣押就是上述机关行使权力的表现，其目的是限制所查封房屋的所有权转移，保护权利人的财产利益。

由于司法权力的行使不受任何国家机关、单位和个人的干涉。因此，房屋产权的转让行为不得对抗这种司法权力，所以房屋产权人转让房屋的行为就会被禁止。否则，就是扰乱司法行为，将会受到法律的制裁。

四、已抵押的房屋（未经抵押权人书面同意）

已抵押的且未经抵押权人书面同意的房屋也是禁止交易的。

从法律上来讲，抵押是指债务人或者第三人不转移对抵押财产的占有，将该财产作为债权的担保。债务人不履行债务时，债权人有权依照法律规定以该财产折价或以拍卖、变卖该财产的价款优先受偿。在抵押担保中，债务人或第三人为抵押人，债权人为抵押权人，提供担保的财产为抵押物。

抵押权是一种物权，抵押作为一种担保方式，其最大特性就是优先受偿权。将已经抵押的房屋进行转让将会损害抵押权人（债权人，一般为银行）抵押权的行使，损害优先受偿权的利益的实现，为此，不经过抵押权人的书面同意，已抵押的房屋是不能进行交易的。

五、共有房产的房屋（未经共有人书面同意）

共有二手房意味着二手房的产权不是属于一个人或一个单位的，共有人中的一人擅自出售，实际上是将其他共有人所应有的房产份额也做了处分，这将侵害其他共有人的利益。为此，共有人房屋出售应征得其他共有人的书面同意。否则，即使进行了处分，这种处分也是无效的，不会受到法律的保护。

六、权属有争议的房屋

权属有争议意味着产权主体的不确定性，产权到底属于谁还未做出最终结论。如甲与乙因同一房屋的权属引起争议，甲将乙告上法院，在法院未就权属问题作出最终的司法结论之前，房屋是不能进行出售的。

七、被依法收回土地使用权的房屋

房屋是依附于土地的，房屋的所有权必须是以合法的使用权为前提的。当土地的使用权被国家依法收回时，那么根据房随地走的原则，房屋的所有权也要转移，国家视情况可给予房屋所有权人适当补偿，房屋的产权人此时失去了处置房屋的权利，是无法进行转让的。

八、其他禁止交易的房屋

如在农村集体土地上兴建的房屋，已被列入拆迁公告范围内的，擅自改变房屋使用性质的等其他法律、法规、政策规定的禁止交易的情形。

第三节　寻找正规的二手房中介

俗话说"隔行如隔山"，在您选择二手房时需综合考虑"时间"、"价格"、"质量"等要素。若您是忙碌的上班族，无暇于地毯式地找房，而且对房地产交易、相关知识所知不多，担心购房会买到问题房或无法取得产权而血本无归，通过中介公司找寻是最有效率的方法。

房产中介机构主要包括三类：房地产咨询机构、房地产评估机构和房地产经纪机构。但生活中买卖二手房时人们常说的房产中介一般是指房地产经纪机构，即为委托人提供房地产信息和居间代理业务的经营活动机构。

根据《中华人民共和国城市房地产管理法规定》，一个合格的房产中介机构要具备以下条件：

有自己的名称和组织机构；

有固定的服务场所；

有必要的财产和经费；

有足够数量的专业人员；

符合法律、法规规定的其他条件。

设立房地产中介服务机构，应当向工商行政管理部门申请设立登记，领取营业执照后，方可开业。

良好的中介会为购买二手房增添便利，不良中介却会给买方带来诸多烦恼甚至重大损失。而目前中介市场良莠不齐，一些房屋中介因缺乏诚信在人们心目中一直形象不佳，与中介打交道一定要注意防范风险。防范风险的第一步就是要选择具有良好信誉的房地产中介。

一、具备资质资格

正规的中介公司及其下设的分支机构应具备两证：一是工商部门颁发的《营业执照》；二是各地房屋土地管理部门颁发的《房地产经纪机构资质证书》和《房地产经纪机构（分支机构）资质证书》。

考察中介时，可查看房屋中介公司经营场所中的明显位置是否悬挂《工商营业执照》、《税务登记证》、《公司资质证》等证件。《工商营业执照》表明中介公司具备营业的资格，《税务登记证》表明公司具有依法纳税的主体资格，《公司资质证》表明中介公司具备房屋中介的资格，没有资质证是不能从事房屋中介业务的，从资质证中可以看出中介公司具备几级资质，房屋中介可分为三级，一级最高，三级最低。

另外还可以从以下几个方面判断房屋中介公司的资质：是否具备市或区房地产经纪人协会的会员资格；是否能为客户提供公积金、商业贷款等等，一个中介公司具备上述的资格越多，资质就越可靠。

二、注册资金与公司规模相符

客户通过房产中介来交易房屋，最主要的原因是希望在整个交易过程中由第三方来维护双方的利益。但一些小中介公司注册资金仅几万元，现有的二手房交易款项必然大于公司的注册资金，一旦发生房产中介卷逃资金的行为，客户的权益很难得到保障。因此，最好选择一些注册资金比较大的品牌中介。

另外，规模大、实力强的房地产中介公司，一般都具备门面装修整洁，企业标志明确，办公场地较大，硬件设施完善（如有电脑、电话、传真、提供视频看房的摄像机等），员工的数量较多等特点。一般来说，公司的规模越大，其实力也就越雄厚，规章制度越严格、操作也越规范。而且规模大的公司，房源也相对丰富，可供选择的余地自然更大。房产中介的现代经营模式的一个显著特点是实行连锁经营，因此，规模很大的中介公司还可能拥有多家连锁店，分布于全国的不同城市和同一城市的不同地区。

另外，在了解公司的注册资金与公司规模后，要留意营业执照上的注册资金与其门店风貌对照，判断该公司是否名实相符。在做了上述两者的考察后，公司的规模情况也可做出大致地判断。

三、持证的房地产经纪人

从事二手房买卖代理的经纪人必须持证上岗，所以房产中介公司是否拥有合法的房地产经纪人，是否由房地产经纪人为你提供中介服务也是正规中介所具备的必要条件之一。根据有关法律规定，二手房中介从业人员必须拥有房地产经纪人资质，房地产经纪人在从事二手房中介过程中，如有任何违法或对客户不利的情况发生，有关部门可以通过政府相关的行政措施对其进行相应处罚。

四、合同要备案

由于二手房交易中有很多专业术语和一些行规惯例，而国家并未要求所有的二手房中介都要使用法定文本，允许房产中介公司与委托方自由协商签订相关的委托合同或中介公司自行制定的格式居间合同。而对于格式合同的使用要求，就是其应在当地工商管理部门进行备案，在备案时工商局会对相关条款进行审核，经过备案的合同基本上能保障消费者的合法权益。

五、业务流程规范

一般情况下，正规的房地产中介公司有规范的服务规程，并通过各类业务流程登记表、租赁双方档案管理等形式，从房源委托登记、房客信息推荐、买卖意向协调、签约等方面提供全方位规范的服务。

目前市场上，小中介一般由业务员全程处理所有事项，大的品牌公司则分工较细，会将房产交易的前端和后续分开，由房地产经纪人从事前端的房产开发、带看、收意向金、斡旋、交房等工作，另外再设立专门部门从事签订房地产买卖合同，办理过户、贷款、领证等手续。这样既有利于资源优化，又可以确保交易的安全性。

一个房屋中介公司的品牌和信誉来自于社会对它的肯定。凡是知名度较高的房屋中介公司，都有较严格的内部管理机制、完备的交易制度，规范的业务流程，言而有信，社会评价高。

六、收费要公开

正规房地产中介公司的收费较为"公平、公正、公开"，按照国家相关政策明码标价，按标准收费，不赚取差价（项目总代理除外），并按规定提供正式发票。

第四节　理性面对二手特价房

一些房主或中介机构在出售房子时会打出特价房的幌子，特价房价格会比一般正常销售房源便宜许多，有的二手特价房比同等房源便宜高达40%甚至一半。这样的价格对于普通购房者来说无疑具有强大吸引力。另外目前二手房中介市场较为混乱，尚存在诸多违法现象。比如一些中介机构为了吸引买家或承租者，以低价特价房源为诱饵，骗买主上钩前来接洽。

面对二手特价房源，购房者千万不能高兴过头，更不能盲目跟风抢购特价房。理性购房，一方面不要被所谓的特价房让利冲昏了头，仓促购买；另一方面要客观地、全面地考虑特价房是否特价，是否具备经济性和舒适性。下面我们来了解购房者在购买二手特价房时具体应该注意的一些问题。

一、要关注特价房的产权

购房者面对房主或中介机构的特价房，在决定购买之前，应对购买对象进行全方位的衡量，其中重要一点是要搞清楚房子的产权情况。因为私房买卖合同是一种要式合同，必须办理过户登记才能发生效力；若属于不能买卖的房屋，条件再好，价格再优惠也不能购买。产权考察要看哪些文件呢？

1. 卖主的资格审查

要求卖房人提供合法的证件，包括房屋所有权证、身份证、户口簿，查验卖房人与产权人是否为同一人，如不是同一人，需查看卖房者是否持有产权人签发的有效的授权委托书。对于卖主的身份证信息（姓名、号码、照片）是否属实，可登录公安部全国公民身份号码查询服务中心或发送短信进行查询。

> **温馨提示：如何查询身份证**
>
> 审查卖主的身份证明的信息（姓名、号码、照片）是否属实提供一个简易的方法：登陆公安部全国身份证号码查询服务中心支持的"我身份网"WWW.ID5.CN进行查询。也可以通过短信查询——中国移动的客户发送姓名、身份证号码到"10695110"中国联通用户发送姓名、身份证号码到9951进行查询。

2. 对房屋的产权状况的审查

房屋产权证须是县级以上房地产管理部门颁发的房屋产权证明，包括"房屋所有权证"和"土地使用权证"。购房者在审查上述证件时，必须查验原件，必要时可到该房屋所在地的房屋管理部门查询产权证的真实性。

3. 对房屋是否具备上市交易资格的审查

要查清房屋是否是不能上市交易的二手房：如为共有、已出租、被抵押、已购公房、经济适用房、列入拆迁或被国家征用、被法院或行政机关查封等存在产权争议的房屋。

对于上述没有产权或有产权争议的房屋，再便宜也不能购买。

二、要关注特价房的品质

购房者不要单纯被特价所引诱，而是具体了解一下二手特价房所处的小区位置、户型等，与区域其他房屋比较。房子不同于一般物品，位置、房型都将决定其价值。尤其是要关注特价房的品质，品质不好的房子，买后不但经济受损，精神也会受到打击。

有一些二手特价房有硬伤，所以即使是在房价上涨阶段，其价格也比一般房子定价低。对楼层、朝向、户型等方面"先天不足"的特价房，购房者应综合衡量、慎重选择。从户型设计看，良好的户型应是动静分区、舒适紧凑的。在看房的时候购房者很容易忽略掉一些细微的地方，比如进门的转角够不够大、卫生间的通风是否良好等等。所以在遇到特价房时多看、多比较再做决定。一些特价房多多少少会有一些瑕疵，比如临街、朝向、楼层存在先天不足。购房者千万不能一味听信中介或卖主的说辞："房子采用的隔音玻璃"、"小区修筑有防灰尘绿化带"。俗话说，耳听为虚，眼见为实。只有亲身体验才会了解个中奥妙。

三、要关注特价房的面积

有的二手特价房在面积配比上做得不是很到位，这样的房子，会影响到一家人的住房质量和生活质量。

一般来说，房间面积配比应该合理：厨房面积占房间总面积的11%～13%，贮藏空间的面积占房间总面积的10%，卫生间占套型面积的8%～11%。比如，主卧15平方米，次卧9平方米，厨房5平方米，卫生间4平方米。有这样一个面积比和标准，并不意味着将它简单相加，便是一个紧凑而不失舒适的居住环境，还需进行优化组合，如动静分区、面积使用等。

购买二手特价房时，更应仔细察看户型设计是否合理，客厅是否超大，房间的利用率如何，卫生间和厨房的安排是否方便使用等。过大或过小的户型居住起来都会不舒服，特价房中往往会出现这种类型的房子，购房者在选择时不能盲目，一定要从自身的需求角度去考虑。

四、要关注特价房的保值增值功能

任何时候，买房都要考虑到房子的投资价值，哪怕是用于自己居住的也不例外，尤其在金融危机下，更要注意所购买房屋的保值增值功效。

因此购房者要考虑特价房户型设计是否科学、超前，小区环境是否美观，配套是否到位等等；同时，便利的交通同样也是能够使房价升值的一张"王牌"，购房者同样要将其考虑其中；除此之外，购房者应注意今后使用中有可能出现的人口变化，以及居住设施的发展。即使现在所买的房型是比较超前的，也应考虑随着变化因素的出现,房型功能结构是否有继续改进的余地。只有可持续发展的住房,才能随着时间的推移,不但能保值而且还有升值潜力。只有这些因素都齐备,或者未来有很大改善空间,二手特价房才能保值增值。

五、要关注特价房的环境

特价房的环境千万别打折扣。虽然购买二手房更多地关注价格,但也要多关注一下其产品。购房者通过实地调查,可以获得中介或房主不愿透露出的问题,如特价房源所处位置,是否靠近马路,房型设计是否存在缺陷等等。

对于居住者来说,容积率、人均绿化面积直接牵涉到决定居住舒适度的几个指标。好的居住区容积率不能超过5,绿化率不能低于30%。现在人们常常标榜自己的社区环境设计如何如何,但所有设计的基础是建立在有足够的绿地比例之上的,这两个数据基本决定了所选二手房社区绿化环境的好坏。

楼间距也是一个衡量居住环境的指标。楼间距太窄不仅影响各楼体之间的光照,也影响人们的视野和心情。无法想象楼挨着楼的社区能谈得上什么绿化和环境。真正好的社区是张弛有度的,既有大面积的集中绿地,也有各组团自己的小型绿地。购房者一定要到现场去看,对所居住环境进行全面的考察,这样就会避免出现因追求低价而失去良好的居住环境的可能。

购房者在打算买二手特价房前,最好在以上5个方面对特价房进行详细的考察,看要买的房子是否符合自己的心理预期,毕竟买房也算是人生的一件大事,加之在这种经济不景气的环境下,多了解一些知识,多做一些准备,尽量把购房风险降到最低,同时买到自己能满意的的房子比什么特价都重要。

第五节 谨防中介或房主"一房两卖"

签订购房合同并交了首付款后,敬先生发现××置地房地产经纪有限公司(以下简称××置地)已把房屋另卖他人。敬先生认为对方除双倍赔偿自己定金外,还应赔偿自己新购房屋的差价,于是将对方告上法院。

2007年10月,敬先生看中了崇文区花市枣院一套价值146万余元的房屋,并和××置地房地产经纪公司签订了《房屋代理销售协议》。当天,敬先生支付定金1万元,双方还约定在2007年12月28日前完成过户。

此后不久,敬先生交了73万元的首付款后,开始催促××置地办理过户手续,但对方一直推托。敬先生最后获悉,××置地已把这套房屋卖给了其他人,且已经在房管局办理了过户手续。在此期间，房价却上涨迅速。

事发后，在崇文区房管局的协调下，××置地陆续将73万元退还给了敬先生。但敬先生认为，当时他和中介约定，签协议后××置地不得将房屋再卖给别人；若违约，××置地应双倍返还定金。同时，房屋价格疯狂上涨，××置地还应赔偿自己买房时的房屋差价，一共15万元。

案件审理中，评估机构对类似房屋的价格进行评估，确定这套房屋在2007年12月28日时的市场价格约为163万余元。

最终，法院认定，××置地的行为已经违约，房屋涨价后，敬先生已经不可能以同样的价格购买到同样地段、同样方位的房子，这给敬先生造成了潜在利益的损失。作为违约方，××置地除应双倍返还敬先生定金2万元（起诉时已返还1万）外，还应酌情赔偿房屋差价损失9万元。

近年来，随着二手房市场火爆，一些不良中介或房主见房价上涨故意违约，趁购房人与其签订商品房买卖合同或在办理产权登记期间，将该房以更高价出售给第三人，且迅速办妥产权证。在二手房买卖中，由于签订房屋买卖合同、付款与办理产权登记之间存在一定的时间差，不良中介或房东一房多卖，最后也许只有出价最高的买受者得到了产权证。原购房人眼睁睁地看着"自己的房子"被别人"占据"，却又无可奈何。一旦起诉到法院，即使房款如数退还，并赔付违约金，但仍不影响中介或房主从涨价房款中得益；更有甚者，交了钱甚至装修入住后，才知该房产本已抵押给他人。买受人的利益因此受到极大损害。

一、法律规定

如何解决中介或房主的"一房两卖"，实际上在2007年颁布实施的《中华人民共和国物权法》，对防止此类纠纷作出了规定。

《物权法》第20条规定：当事人签订买卖房屋或者其他不动产物权的协议，为保障将来实现物权，按照约定可以向登记机关申请预告登记。预告登记后，未经预告登记的权利人同意，处分该不动产的，不发生物权效力。

预告登记制度可很好地避免房屋或者其他不动产买卖过程中出现的"一房两卖"的现象。当事人在购买房屋时，为保证将来能够拥有这套房子的物权，可以到房屋登记机关申请所购房屋的预告登记，这样在登记机关就留下购买人的相关资料，而卖家在未经购买人同意的情况下，将不能再把该房卖给第三人。

预告登记制度是对买房人利益的保护，而对房地产市场目前出现的纠纷，这种保护也是必需的。当事人只要和中介签订预售买卖合同,购房者即可向登记机构申请预告登记,保证将来获得对于不动产的所有权。实际此制度也适合于一手房的买卖。

"预告登记制度"可避免"一房两卖"

二、专家建议

如何防止一房两卖,专家给出建议:

首先,消费者一定要先查明所购房屋的产权现状。比如产权人是否为出卖人,房产是否有抵押,产权不明确或者发生纠纷的房产,最好别购买;另外看房产是否为多人共有,如果是共有,则要求每个产权人都在合同上签字。

其次,签订合同后,应尽快到房管部门办理合同登记手续;如果房子本身有抵押,更应慎重,买房人在替出卖人缴清银行按揭后,最好把产权证原件拿在自己手中;购房后应尽快办理房产证,并督促卖方尽快迁出户口。

不过,有关专家还是提醒广大购房人,在办理过户手续时也要抓紧一些时间。因为预告登记是有时效性的,就是在能够进行房屋登记之日起三个月内一定要办理房屋产权的转移登记(即过户),要不然,预告登记就失效了。另外,在签订协议时可以约定分期付款,在办好产权证前最好不要支付太多的房款;最好能要求卖房人提供相应的财产担保;双方要明确违约责任等等。

第三,购房人买房后应尽快实际入住,以避免心存邪念者再次带人看房并卖房。

在北京,已有两种流程可预防中介的"一房两卖":

1. 北京的二手房可以先办理网上签约手续,在办理完毕网上签约手续的当天办理首付款(包括定金)或者全部房款的银行托管手续,在过户完毕,购房人拿到自己的房屋所有权证之后再放银行托管的房款。

2. 到房屋所在地的房屋管理部门办理预告登记,在办理完毕预告登记手续的当天办理首付款(包括定金)或者全部房款的银行托管手续,在过户完毕,购房人拿到自己的房屋所有权证之后再放银行托管的房款。

另外对于"一房二卖"的恶意行为，北京市建委和工商局的示范合同文本订立了一个极具威慑力的条款："出卖人将该房屋出卖给第三人，导致买受人不能取得房屋所有权证的，买受人有权退房，出卖人应当退还买受人全部已付款，按照约定利率付给利息，并按买受人累计已付房价款的一倍支付违约金。"

第三章 二手房砍价技巧谈

第一节 中介服务的收费

在二手房交易过程中，一些中介公司利用买卖双方对有关中介收费法律、法规知识的缺乏或者意识淡薄，借助法规较为模糊的条款违规收费。本文的目的是通过案例分析，阐明法律、法规所规定的房地产中介机构的收费标准和操作程序，希望交易当事人从中吸取经验和教训，维护自身合法权益不受侵害；同时也希望中介公司本着诚信原则，按照国家法律规定，收取与其服务相当的中介服务费用。

一、国家规定的合理收费

中介服务费是房地产中介服务机构从事房地产中介活动的一种经营性服务收费。1995年7月17日，原国家计委、建设部发布了《关于房地产中介服务收费标准的通知》，通知对各种服务内容的收费标准作了如下规定：

房地产中介服务收费实行明码标价制度。中介服务机构应当在其经营场所或交缴费用的地点的醒目位置公布其收费项目、服务内容、计费方法、收费标准等事项。

房地产中介服务机构在接受当事人委托时应当主动向当事人介绍有关中介服务的价格及服务内容等情况。中介服务机构包括以下一些收费情况：

1. 房地产咨询费

房地产中介服务机构可应委托人要求，提供有关房地产政策、法规、技术等咨询服务，收取房地产咨询费。房地产咨询收费按服务形式，分为口头咨询费和书面咨询费两种。

口头咨询费，按照咨询服务所需时间结合咨询人员专业技术等级由双方协商议定收费标准。

书面咨询费，按照咨询报告的技术难度、工作繁简结合标的额大小计收。普通咨询报告，每份收费300~1000元；技术难度大、情况复杂、耗用人员和时间较多的咨询报告，可适当提高收费标准，收费标准一般不超过咨询标的额的0.5%。

以上收费标准，属指导性参考价格。实际成交收费标准，由委托方与中介机构协商议定。

2. 房地产价格评估收费

由具备房地产估价资格并经房地产行政主管部门、物价主管部门确认的机构按规定的收费标准计收。

以房产为主的房地产价格评估费，区别不同情况，按照房地产的价格总额采取差额定率分档累进计收。具体收费标准见下表：

标的总额（万元）	累计计费率‰
100以下（含）	5
101以上至1000	2.5
1002以上至2000	1.5
2001以上至5000	0.8
5001以上至8000	0.4
8001以上至10000	0.2
10000以上	0.1

土地价格评估的收费标准，按国家计委、国家土地局《关于土地价格评估收费的通知》的有关规定执行。

3. 房地产经纪收费

是房地产专业经纪人接受委托，进行居间代理所收取的佣金。房地产经纪费根据代理项目的不同实行不同的收费标准，房地产经纪费由房地产经纪机构向委托人收取。

房屋租赁代理收费，无论成交的租赁期限长短，均按半月至一月成交租金额标准，由双方协商议定一次性计收。

房屋买卖代理收费，按成交价格总额的0.5%－2.5%计收。实行独家代理的，收费标准由委托方与房地产中介机构协商，可适当提高，但最高不超过成交价格的3%。

上述规定的房地产价格评估、房地产经纪收费为最高限标准。各省、自治区、直辖市物价、房地产行政主管部门可依据本通知制定当地具体执行的收费标准，报国家计委、建设部备案。对经济特区的收费标准可适当规定高一些，但最高不得超过上述收费标准的30%。一般我们平常所说的中介费指的是第三种房地产经纪收费,即中介佣金或中介代理费。上述是政府所规定的指导价,实际上随着二手房市场的发展,一些地方已经开始对收费标准收费方式进行一些新的尝试。

比如江苏省的二手房中介费"可讨价还价"政策。江苏省物价局、省建设厅在2008年《关于放开部分房地产中介服务收费的通知》中规定,从2008年9月1日起,放开商品房销售代理费、存量房(二手房)买卖代理费,实行市场调节价,具体收费标准由当事双方协商确定。这意味着,江苏省的市民买二手房的中介费,不再由政府定价,而改由中介公司自行决定,市民可以跟中介公司讨价还价了。此前,江苏省政府规定二手房中介费最高不超过总房价的1.5%,很多地方一般是按1%收。

二、常见的不合理收费

去年10月份我们在深圳购买了一套二手房。中间过了一个春节,终于在三月份全部办妥,等待办理过户了。这个时候,按照合同约定的,该付给房产中介1.5%的佣金。我们如数给了现金。但紧接着中介告诉我们还需要付1000元的按揭服务费。刚一听到这个消息很诧异,问中介这笔钱是付给银行的还是给中介的?中介回答是给他们自己的。因为他们替我们办理了建设银行的按揭。我没想到中介替我们办理银行按揭要这么贵!这里我有两个问题:

这笔钱该不该收?

买方办理银行按揭是否一定要中介代理?中介的回答是否定的。那我就不明白了,当初为什么不跟我们说清楚这件事情?为什么不跟我们说可以自己选择去办理银行按揭,或者如果让中介代理并支付服务费?中介的回答是:如果当初你们自己办按揭,那我们就不做你们这单生意了!

分明是强买强卖啊!当我们询问中介收费的依据时,他让我们回去看之前签订的中介代理合同,并说明收这笔费用是他们公司的规定,并且整个行业都是这么操作的。

收费标准是什么?

退一万步来讲,即使我们当初选择了让中介代理按揭业务,这1000元钱的收费标准是怎么来的?为什么不算在1.5%的佣金里?而是要单独列出来?难道佣金不是中介的代理服务费吗?中介只有一句回答就是:这是公司规定的。

实际上大部分的中介都有类似的上述收费,名目如"按揭手续费"、"银行按揭服务费"、"按揭过户服务费"、"贷款代办服务费"、"过户服务费"、"房产证和土地证代办收费"、"权证代理费"、"评估费"、"中介担保费"……上述案例中所提出的问题实际上代表了广大购房者对此类的费用发出的疑问。有些不良中介甚至在买方自办按揭或过户时也收取上述费用。

实际上房地产中介公司在佣金或代理费之外的所谓的"贷款、过户或权证等代理费",其实是按照其行业惯例设立的收费项目,目前法律对于这方面并没有很严格的规定。

但是,购房者需要知道的是:按规定,房地产中介服务收费应实际明码标价制度。中介服务机构应当在其经营场所或缴纳费用的地点醒目位置公布其收费项目、服务内容、计费方法、收费标准等事项。

但有的不良中介却利用与客户的信息不对称,巧立名目多收费用。如果没有告之买方这些费用的存在,而最后在买主支付过代理费后再强行收取,实际上都应属于不合理收费。

> **温馨提示:不合理收费有哪些?**
>
> "按揭手续费"、"银行按揭服务费"、"按揭过户服务费"、"贷款代办服务费"、"过户服务费"、"房产证和土地证代办收费"、"权证代理费"……是其行业惯例设立的收费项目,目前法律对于这方面并没有很严格的规定。
>
> 但不管是什么收费,如果没有告之买方这些费用的存在,而最后在买主支付过代理费后再强行收取,都属于不合理收费。
>
> "评估费"、"中介担保费"……是法律禁止收取的费用,是不合理费用。

下面看看江苏省的有关规定:

《江苏省房地产中介服务收费管理办法》中规定,房地产中介可以收取的费用有5种:商品房销售代理费、存量房(二手房)买卖代理费、权证代理费、抵押贷款代办服务费、房屋租赁代理费。

权证代理费:中介服务企业接受单项委托,单独代办房屋交易过户手续和房屋所有权证或单独代办土地使用权变更和土地使用证的，按每户不超过50元收取代办服务费；同时代办"两证"的，按每户不超过80元收取服务费。具备房地产中介资格的商品房销售单位，接受购房者的自愿委托，集中成批代办"两证"的，按每户不超过60元收取。

抵押贷款代办服务费：中介服务企业接受委托，代办购房抵押贷款相关手续的，按每户100~300元收取服务费。

对于上述收费，购买者如何面对，实际上2003年上海的《关于规范上海市居住房屋买卖、租赁中介经纪服务收费的通知》可做出最好解释：

1. 经纪机构接受委托，提供买卖中介经纪服务并收取中介经费，不得就同一房产交易再收取咨询费；

2. 经纪机构办完产权过户、户口迁移等手续后，方可收取经纪服务费；

3. 经纪机构办理产权过户、房屋入住、代办贷款过程中，涉及政府规定应由委托人支付的税、费，不包含在中介经纪费中；

4. 经纪机构不可强制要求进行房产价格评估。有关单位要求强制评估的，经纪机构应向客户提供相关法规依据；

5. 经纪机构提供的其他延伸服务项目，须按服务项目逐一明码标价，并由客户自愿选择，不得强制或诱导提供服务并收费。

上述第5条明确了中介方必须在买卖双方签署合同之前，应说明其他费用的存在，使买方心里有数。但如果是买方自己选择办理按揭和过户等手续时，则不需缴纳手续费或服务费的。

第二节　二手房砍价学问大

虽说砍价要狠，心软则败，但对买家来说确定一个合适的砍价幅度尤为重要，不能太高，太高会遭到卖家的断然拒绝；但也不能太低，太低对自己不利。因此只有合适的砍价幅度，才能让自己满意，也能让卖家接受。

砍价是一门大学问，它如三军作战，攻心为上。大至外交谈判，小到日常买菜，都要讲价还价一番。因此掌握一些砍价技巧，不但可以为自己省钱，而且还能自得其乐。

一、货比三家

我们买衣服、电器这些日常消费品时，都喜欢货比三家，挑个低的价格"该出手时再出手"。买房货比三家，找市场价也准没错。找准了市场价，再问下心中的底价，也就有谱了。

二手房最大的一个特点就是信息均衡，不像新房那样"姜公钓鱼，愿者上钩"。二手房的价格是有评估依据的，我们可以从毗邻地带的新房出售最低起价和二手房公示价格来判断所购买的二手房价是否可靠，换句话讲，二手房的价格泡沫是可以通过比较衡量的。一般来说，商品性二手房价格最合理的区间是周边新房价格最高者的三分之二，其他类型的如公产房、小产权房则视地段及保障程度有较大差距，楼龄高的老龄二手房大约相当于当地新房均价的一半。

二、知己知彼

知己知彼，方能找到对方弱点。旧房由于长年磨损，质量下降，其价格很难得到准确估计。要想在砍价时居于有利地位，购买者应事先充分了解房子的详细情况，摸清弱点。比如，弄清楚该房上市多久，卖出的原因，多少人出过价，出价多少，卖主有什么附加条件，付款方式如何，是否为分期付款？最好能弄清卖主卖房的原因，必卖的期限，卖房款的用处以及当年买进房屋时的真实价格。掌握上述信息，就可以酌情提出杀价的理由来。

三、攻其弱点

少奋斗十年，是时下很多年轻人的理想，对房屋这种动辄几十万甚至上百万的大额消费品，要是砍价到位，说不定你真的可以实现这个理想。作战讲究战略，买房肯定也要有策略，攻其弱点，便是一步好棋。

有时业主因为移居外地或出国想尽快出手套现，经常这个时候可以杀杀价，一次性付款的话通常可以得到较大的折扣。如果在房价下行的趋势下，对炒房者出货，也可以通过付款条件及类似因素砍价。对于二手房，装修投入是个沉没成本，买家可以用不含装修的价格来讨价，挑剔其装修无用或装修陈旧等都会导致价格略有下调。

四、以彼之矛，攻彼之盾

以彼之矛，攻彼之盾，用卖方的所谓优势条件，反过头来回击对方。苏联作家讲过，事物是有两面性的，我们就用这两面性来做文章。

卖方提出售价时会说：地段优势、出租价格或已经带租约、同类地段新房与二手房大的价差、市政变化让房子变得稀缺等说法。

说到地段，你可就其出价翻了一番来回击，证明卖方将升值回报全拿走了，至少应该留有余地，让二手房主也有个相应的回报；对已带租约的，一是不定性存在，二是租价可能不大合理，最大的回击手段是你买二手房是为了自住而不是出租；对于二手房与新房的价差，你应着眼于对方的投资价值在价格里已经有所体现，并且新房价格也在下调。

另外，业主承诺包过户的话，如果出价比较合理，而权证费用加入到购买成本的时候，价格还是可以承受，则可以将权证费用转为由买受人承担，在这一前提下再与对方商谈成交价格，封死对方靠代办过户来提高单位售价的途径。

另外，二手房买卖合同中还应该剔除掉提前还贷的有关费用，这些费用不要给房主计入到买卖价中，这个应该是房主自主完成的事项。

五、心理战术

心理战术，在买卖砍价中非常重要。买二手房的心理战主要有如下几招：

1. 漫不经心，买家要隐藏对所看房屋的喜爱程度，再有好感也不要轻易流露，越是漫不经心房主就越心虚，心虚自己挂的房屋卖价是不是合理。这样买家就能方便后面的杀价。

2. 虚张声势，告知自己真的很满意，但家人、老公或老婆不是很满意，希望价格便宜点可以说服他们。如果你表演功底较好的话，最好现场打电话跟家人商议时争吵一番，上演一场苦肉计，越逼真效果越好，杀的价格也越理想。

3. 不停地找物业的缺点，要求降价。砍价时，要有根有据地暴露旧住宅的各种不足之处，如环境差、设备老化等。对于长期上市仍不能卖出的旧住宅，应正告其房主卖价太高，打击房主的自信心。

4. 告知自己可以一次性付款而缩短交易周期，但自己又不太想把一大笔资金变成死钱，除非有便宜的价格，这对急需资金周转的房主最为有效。

5. 拿钱说话，随身带着5万元现金，说只要价格便宜到自己的心理价位就立即付定金，这是杀手锏，房主都是见钱眼开不见兔子不撒鹰。

6. 欲擒故纵，如果实在杀不下来，不要留恋与不舍，不妨拔腿就走，让房主担心失去你这么一个诚意的客户而立即让价。

……

要想买到价格称心的二手房，人人都要修炼获得奥斯卡的真功。通过类似的心理战术，很有可能达到买家心里能承受的价格。

为了谈出个好价钱，您可以依据房屋的优劣点，对房屋的喜好程度，房主售房动机等信息，再参考成交行情以决定出价高低。其价格距离心中的理想太高，不要强求。买房子如买玉，真心喜欢、住得欢喜，其实就是物超所值。二手房市场求多供少，若是房子相当喜欢，适度提高价钱，当机立断，当时下定金也是必要的。

第三节　理性面对"代理费"打折

消费者陆女士近日一直想找家中介公司将其房改房卖掉。她询问了许多家中介公司后，发现有的公司的条件实在很诱人：免收代理费，送微波炉，甚至还可以报销打的费。天下真有免费的午餐吗？陆女士心中有点怀疑。

记者翻了翻近段时间的报纸，发现表示代理费打折甚至不收代理费的公司还真不少。有6家公司明确表示，自行配对买卖双方或卖方不收代理费，另有四五家公司对代理费进行大幅度的折扣，从以往普遍实行的0.8%降到了0.3～0.5%。

这等好事不知是不是真的。笔者以消费者的身份来到一家号称免收代理费的公司。接待人员显得非常热情，当笔者询问是否免收代理费时，她信誓旦旦地表示一分都不收取。当问到在交易过程中是否有其他费用时，接待人员开始显得支支吾吾。在多次询问下，小姐才透露，买卖双方的办证费共600元，居间担保费800元，按揭办理费500元。七七八八加起来，还真不少。这些费用，在那些品牌公司是多少呢？××置业的有关负责人告诉记者，除300元的按揭办理费和中介代理费外，其他费用在该公司都不存在。

业内人士分析，对一家规模中等，以置换为主要业务的公司来说，中介费如果只向买卖一方收取，只有在0.5%左右的基础上才可赢利。设想，一套20万元的房子，只收单方0.3%的中介费，还送价值五六百元的微波炉，赢利从何而谈，自身如何有序发展？

一、听起来似乎是美事

打折就意味着中介费的降低，折扣打得越低消费者要交的钱就越少，或者是一些中介所称的免收代理费，听起来这似乎是件美事。

以北京为例，一般大型中介公司收取的二手房买卖3%的代理费中，其中60%要用于企业税收、管理成本、培训费用和日常开销等方面，再除去员工的个人提成外，公司的赢利部分就很微薄了。

而小中介的经营成本很低，一些小的中介就一个小的门面，几张桌子，每个月几千块钱就足以支付他的店租。他们的利润更多是在打"赚取差价的擦边球"上获得,因此它能把折扣压得很低。

在厦门,目前二手房屋买卖代理费一般是按合同成交价的2.5%来收取的,但许多中介公司反映,由于竞争的激烈和客户降低中介费的要求,他们往往无法足额收取。正规中介打折一般控制在8折以内。对于大中介来说,会针对不同的单笔交易来采取不同的一些小幅度的优惠措施:交易金额较小,折扣就较小;交易金额较大,折扣就相对较大,但尽量把折扣控制在8折以内,这样不会受太大的伤害。但小中介、非法中介就说不准了,一些中介能打5折、4折。

所以,能够给出低折扣的往往是那些专业水平低下的小中介公司或是非法中介,这对房产买卖的安全性是没有保障的。房产是大宗消费品,动辄几十万甚至上百万,买卖房产存在一定风险,你找到不规范的物业中介,也许能省个几千块钱的中介费,但却有可能让你无法顺利完成房产买卖,甚至吃大亏。

二、付出多少,得到多少

由于进入房地产中介行业的门槛较低,导致大量无实力、专业水平低下的小公司甚至是非法中介进入市场。为了能够生存,他们采取打折、低价位来吸引消费者,在行内挑起恶性竞争,影响了中介行业的健康发展,使得正规中介公司的生存面临困难。

二手房代理费实际上就是房地产专业经纪人接受委托,进行居间代理所收取的佣金,并由房地产经纪机构向委托人收取。一般来说代理费是由二手房的买家与卖家共同向房产中介支付。出于争取客户的需要,给客户在收费上打折本是无可厚非的事,但是如果折扣太乱太低,只会纵容很多不规范的小公司和非法中介在市场中浑水摸鱼,扰乱行情,让消费者交了钱却得不到应有的服务。

对此,各地消费者协会都会有不少来自二手房买卖的投诉:有的是中介公司没有考查好房屋的情况,使买方买过来的房屋出现问题,如司法纠纷,最终办不了产权;有的是买方不守信用或发生意外付不出房款,则卖方就收不到应得的房款;有的是中介公司打着低折扣或免代理费的招牌诱使买房者与其签订"独家代理"合同,而通过各种方式获取额外利润,否则将缴纳违约金。而这些过程中,更多的是由于小中介无法提供专业服务,出了问题便溜之大吉。因此消费者不要一味地想省些中介费,更应该对中介公司的规模、实力以及他服务水平进行考查。

对此,专家告诫:你想得到什么样的服务,你就该付出多少费用,这应该是有一定差异性的。消费者应该会选择看起来公司的形象、公司的规模、公司的专业服务会比较到位的。虽然服务的费用会高一些，但相对地花这个钱就会比较安心。现在消费者的生活水平质量提升了，收入慢慢地好了，大家也希望他们今天花这个钱比较安心，而且将来售后服务是更重要的，可能会比消费前的消费行为更重要。

东方不亮西方亮，
代理费少了由其他来补！

所以购房者在购房时要清醒头脑，不要被表面的折扣优惠吸引，中介公司是企业，没有盈利他们怎么生存？东方不亮往往西方亮，佣金少了由其他来补，或减少服务质量，或根本没有服务。所以购房者一定不要为区区的几千或几万的代理折扣而落下遗憾。而面对小中介的疯狂打折，我们那些正规的中介公司应该反思自己，如何提升自己的服务水平，如何能让消费者花钱花得心甘情愿才是正道。

第四章 签订合同环节

第一节 签订二手房合同注意事项

合同是二手房买房过程中的核心部分,也是法律化的签约过程。一旦签下了合同,就代表承诺和接受合同条款,双方必须无条件遵守合同约定,任何违约的一方都要承担法律责任并给付相应的法律赔偿。因而签订一份公平放心符合双方利益的合同是至关重要的。

下面是买方委托中介参与购房为例所涉及的合同有:

买方与中介签订的居间合同;

买方与卖方签订的房屋买卖合同;

买方与中介签订的委托代理合同;

买方与中介签订的担保合同。

一般来说,大部分购房者对中介的居间与委托代理合同区分并不十分清楚,致使中介利用信息不对称对购房者进行欺诈,把居间费说成代理费,或在委托代理的过程中以包价、净价、实收价等词语迷惑购房者。

居间合同是买方寻求中介的目的是寻找到合适的房源,然后与卖主达成买卖房屋协议。按《合同法》的规定,买卖双方的协议达成以后,中介的任务即告完成,买方要向中介方支付居间费。如果没有达成协议,则中介方无权要求买方支付居间介绍费,但是在中介方居间的过程中伸出的必要费用,还是可以要求买方来支付的。

委托代理合同是买方基于中介方的专业水平和经验,将产权过户和物业交接等事项委托给中介,买方图个省心,当然买方会支付中介方一笔委托代理费用,双方就此签订的合同。

其实在正常的二手房交易中,上述四种合同都签订的情况很少见的。大部分的情况下,有一份买卖双方的房屋买卖合同;有一份买方、卖方、中介三方签订的居间中保合同,或称代理合同,即将上述委托代理、居间、担保合同的内容包括进去。本文是站在购房者的角度来介绍代理和买卖合同需要注意的一些问题。

> **温馨提示:"居间合同"与"代理合同"**
>
> "居间合同"与"委托代理合同"不一样。
>
> "居间合同"是买方寻求中介的目的只是帮助其寻找到合适的房源。
>
> "委托代理合同"是买方基于中介方的专业水平和经验,将产权过户和物业交接等事项委托给中介。
>
> 而一般"看房"行为的中介方只尽到了"居间合同中报告信息"的义务,而没有尽到居间合同中的全部义务。所以中介只能收取一部分的居间费,但不能收取所谓的代理费。

一、常见合同陷阱

1. 看房就要交钱

王女士在一家中介的带领下看了房子,而买房其实是通过另一家中介。不曾料想,前一家中介拿着一份双方在看房时签订的"看房单"将王女士告上法庭,要求其全额支付中介费。原来,"看房单"有如下约定:"经本公司介绍之房产,委托人无论以何种方式与相对人成交,均视为居间成功,应由委托人全额支付佣金。"

一时间,双方各执一词。王女士认为这是霸王条款,房产中介也称自己并无过错。最终,双方近日在法院调解下达成了一致意见,由王女士向中介补偿2000元,但双方对这个结果都不十分满意。

类似上述的陷阱还有中介要求买家签订的"房地产求购确认书"、"看房需求单"、"定金或意向金"、"佣金确认单"……,上述协议都对中介公司应该承担的帮助买卖双方办理产权过户、贷款等义务没有明确约定,而一旦房屋买卖交易无法最终完成时买房者仍需支付中介佣金。

目前,尚没有法律禁止同一房产挂在多家中介,因此对于顾客来说,他享有看房后买或者不买、在这家买还是在那家买的自由。因此,房产中介不能作出顾客看房之后,无论通过何种途径买下都要支付中介费的强制性协议。所以说"看房单"这一特殊条款有很大的霸王味道。

同时,专家还认为,判断该条款的合法性还要看双方的具体约定,如果中介方仅仅是就"看房"这一行为约定了相关费用倒也无可厚非,毕竟中介方已经尽到了居间合同中报告信息的义务,但由于其还没有尽到居间合同中的全部义务,因此并不能收取全部中介代理费。

2. 合同"空格"隐患多

在没有见到房主的情况下,山西太原的曹先生与中介签署了一份购房意向协议。中介口头承诺,税费和中介费由买卖双方共同承担。但是等曹先生拿回三方协议时却发现:意向协议最后一条"其他约定"之后的空格在自己签字时还是空白,等卖方签完了上面居然添加了"交易中所发生的所有税费均由买方承担"。曹先生不认可,但是百口难辩。

中介公司在购房者有意购买房屋时,会不失时机的催促购房者签订预先制作的一式三联的格式意向协议,并由购房者支付为数不多的意向金。约定买方签字后,意向金则转为定金。但是为了避免买卖双方提早碰头而造成跳过中介私下交易的情况发生,中介也寻找着保护自己权益的方式来促成双方交易,先不让买卖双方碰头,意向协议通常由买方先签,然后由中介拿给卖方签,而买方签字后,一式三联的意向协议均被中介拿走。

专家提醒,由于格式的意向协议是预先制作,会留出空格便于填写,所以先签约的买方千万要注意,对于不需要填的空格一定要划去,不要留有空白的空格。当然合同的签订最好能在三方都在场的情况下进行,并当场留一份原件在手上,以免带来不必要的麻烦。

3. 不透明全包价

李某欲购买放盘于某中介公司的一处物业,经向该中介公司经纪人咨询,得知交易所需费用(包括中介服务费、办理房地产抵押贷款的费用以及交易税费等)共约3万元后,李某表示愿出3万元委托A中介公司办理该物业交易的所有事宜(包括交易过程发生的所有费用)。中介公司经纪人即时让李某签下了《咨询及中介服务确认书(买方)》,双方约定:李某愿意付3万元予中介公司,让其包干拟交易物业在交易过程中发生的所有与之相关的税费。

在完成交易,李某也拿到了该物业的房地产权证,此时,他才发现该物业交易过程中产生的各种税费总共才1.2万多元;另外,即使按照当地规定的支付中介服务费的最高标准——物业成交价格的3%,其应付给A中介公司的中介服务费仅1.4万余元。这两部分加总起来也只有2.6万多元。

由于在买卖交易过程中,大部分的情况下都会由购房者来承担买卖双方所需税费,因此不法中介往往只告知购房者买下标的房屋所需的全部价款(即全包价),而不明确告知买房人在交易过程中需要缴纳的费用明细,通过交易费用不透明的方式,收取购房者超额费用。而实际上所谓的全包价中包含的杂七杂八的费用要比经纪公司正常收取的服务费用及代收的税费等相关费用要高得多。

所以购房者在签订二手房购买合同时,一定要将中介公司收取的费用及需要向相关部门缴纳的费用了解清楚,最好在合同后附上《费用清单》详细计算相关收费,并同业主见面,明确买卖双方购房价格与售房价格是否相同,避免中介公司从中渔利,产生不正当差价。

4. 物业交验

2004年,周先生通过网上认识一个卖房的房东,两人谈得非常投机。这是一套已购公有住房,手续齐全,买卖签约及过户的过程十分顺利,双方通过提存公证做了钱款交割,当周先生拿到产权证的时候,周先生暗自高兴遇到一个好卖家,才使买房过程如此顺利。接下来,装修、搬家、买新家电,一切准备就绪,正式入住。正当周先生一家准备安安稳稳过新生活时,却收到一张小区的物业单位送来的催款单,催缴供暖费和物业费。拿到单据一看,周先生吓了一跳,原来,该房屋原来的业主拖欠了近三年的供暖费和物业费,全部算下来将近7000元。这可是一笔不小的费用,周先生拒绝交费,随即打电话给业主,可是业主的手机却成了空号。周先生原以为过完户就万事大吉了,早已将全款从公证提出,作了交接。现在周先生也只能自认倒霉,承担了这笔费用,并与物业公司重新签订了《物业供暖协议》。

完整意义上的房屋买卖合同应该包含正规的物业交验手续的条款。而许多不法中介通常不会告之购房者物业交验的必要性,更加不会去协助购房者与业主双方完成物业交验。于是最后出现买房人入住后才发现原业主的供暖费、物业费等大笔费用拖欠,而购房款却早已经支付给业主,一切拖欠费用只能购房者自己个人承担!

所以购房者购买房屋一定要有正规的物业交验过程,并且不要一次性支付全款给业主。先支付部分房款,在双方完成物业交验,保证物业交验的费用结清及房屋的验收工作后再支付剩余房款。

二、签订合同需注意

二手房交易过程中的陷阱很多,可谓防不胜防,但是也是可以防范的。针对上面提到的一些问题的陷阱，下面简单地说明一下防范措施，但在具体的交易过程当中，陷阱是随时变化的，陷阱的数量远不止上面提到的几种，购房者还应当具体问题具体对待。购房者在买卖二手房时应注意如下几个问题：

1. 签订代理合同

（1）明确与中介签订的合同是居间合同还是代理合同。因为中介在两者的权利义务是不一样，购房者所付费用也是不一样的。

（2）明确中介服务项目的名称、内容、要求和标准，合同履行期限，收费金额和支付方式、时间。

如果与中介签订的是代理合同，在签订合同之前一定要了解清楚中介公司收取哪些费用，这些费用是做什么用的。了解清楚办理各类房屋交易需要的全部费用以及缴纳方式，相关费用该谁交，如何交，向谁交，何时交，都应该弄清楚。弄清楚之后最好在合同后附上《费用清单》。

（3）明确违约责任和纠纷解决方式，明确与中介公司签订的协议中中介公司的权利义务，明确什么情况下违约以及违约偿付的金额和时间。遵循的原则就是双方责任权利对等。

2. 签订买卖合同

如果有中介在房屋买卖的过程之中，透明交易至关重要。买卖双方一定要见面，坐下来当面将价格谈清楚，并正式签订《房屋买卖合同》。切不要通过中间人传话而最终造成自己的经济损失。

一般来说，买卖合同中包括下面几个方面：

（1）基本情况：买卖双方的姓名、住所、联系方法；要求出售方或中介方明确写清房屋的基本情况，包括房屋位置、性质、面积、结构、格局、装修、设施设备等。

（2）房屋产权状况：要求卖方书面承诺房屋产权无查封、无债务纠纷，共有权人同意出售房屋，并保证所售房屋符合国家及有关市地房屋上市交易的政策规定。

（3）房屋成交价格与付款方式：在合同中，写明总房价，注明是一次性付款、分期付款还是申请贷款，写清付款的时间，约定付款条件。

（4）税费负担约定：要明确约定买卖各方应当承担的税费种类，如国家政策变化产生新的税费，要约定由谁来负担。

（5）权属转移登记：也就是房产过户手续，主要是哪天过户一定要说清楚，买方交钱和过户的时间间隔不宜过长，越短越好以免夜长梦多，如果能在交款当天过户是最好不过了。

(6) 房屋交接：也就是交房问题，该条款包括交房时间，可以先交房再过户也可以反过来，交房前卖方应当结清水电气、暖气、物业、电话、有线电视等一切费用，交房前（后）多少天卖方应当办理户口迁出手续。

(7) 违约责任：明确出现何种情况时即视为违约，违约金、定金、赔偿金的计算与给付，产生纠纷协商不成时如何解决争议（仲裁、诉讼等）。

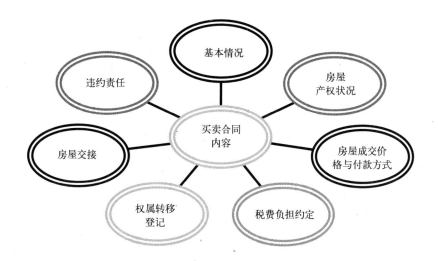

当然，上述 7 个方面是在签署买卖合同时需要注意的问题，但下面 3 个方面是购房者在签订二手房购买合同或与中介公司签订协议之前尤其要重视的：

第一，不能过户的房屋不要购买。有些房屋是不能过户的，这就要求购房者在签订合同之前将房屋的产权状况了解清楚，千万不要为图省事急于一手交钱一手拿钥匙。拿到房屋钥匙并不能代表取得房屋的所有权，只能证明购房人暂时占有了该房屋，只有产权过户后，房屋才能真正属于购房人。

第二，合同内容一定要细化。有些中介公司提供的合同只有房屋的基本情况、房款，其他的内容没有或约定不明，这样简单的合同一旦发生纠纷处理起来对买方或卖方都相当不利，有利的只是中介公司。一个完整的《房屋买卖合同》要包括上面的 7 个方面。除标明房屋自然情况、价款之外的一些基本情况之外，还应标明房款支付的时间、方式，税费缴纳及承担、入住时间、房屋交接、产权状况、过户程序、相关违约责任及解决争议的方式等一系列内容。

第三，小区管理的物业公司办理交接手续，弄清楚原房主是否欠费、欠费多少，由谁来承担原业主所欠费用。最好在签订合同时明确约定物业费、供暖费等费用以交接时间为准,在交接之前产生的一切费用原房主或中介公司承担,交接之后的由买方承担。另外,最好在房款的支付方式上约定先支付部分房款,在双方完成物业交割没有纠纷后再支付剩余房款。

第二节 二手房订金陷阱

案例一:订金(意向金)之外的隐含条款

上海市民宋军夫妇想看一套位于浦东大道上的二手房,中介公司却要他们先支付5600元的"意向金"才能看房。看房心切的宋军夫妇见"购买意向书"约定:如果三天内不想买这套房子,"意向金"就可返还,便答应了。但对其他条款并未仔细阅读,也未在意合同中有很多空格。

看房后,宋军觉得这套房子并不如意,赶紧下午三点左右把意见告诉了中介公司。岂料怪事发生了:中介公司说,此时该房卖家已经同意出售该房,按照合同约定,买方于卖方同意出售后,有反悔不买或不按约签订合同行为的,就属违约,必须支付中介公司意向金的50%作为中介酬劳,另一半作为买方违约,由中介公司交给卖方。

宋军夫妇真是气不打一处来,仔细一看合同,这才发现果然有这样一个属于"买方义务"的条款。原先还是空白的空格上,不知何时真上了该房卖主的签名。按照中介公司的说法,经过买卖双方和中介公司三方共同签署,这份合同便算生效了。

本案中,宋军夫妇只看意向金如何退还的条款,却对其他附加条款看也不看,很多购房者对合同条款不认真,一旦出了问题,后悔却迟了。

案例二:此"定金"非彼"订金"

周女士通过中介公司买房。中介所推荐的房屋周女士很满意,但她提出看到房子后再定,但中介人员赶紧说,这套房子环境好,想买的人很多,为保证能买到此套房子,可先交1万元"订金"(注意:此时中介方说的是"订金",是可以退给买方的),今后若不满意,可以退房、退"订金"。周女士随即就匆忙签订了交"订金"的合同,向中介人员交了1万元"订金"。

可当周女士实地看到房子不像中介所描述的那样,当即要求中介退还订金时,其人员却拿出她签有交"定金"(注意:此时中介拿出的"定金"合同,就不能退了!这分明是移花接木之计!)的合同,并说按规定"定金"是不能退的。周女士气愤地说:"明明说是'订金',签的合同上竟成了'定金',这完全是欺骗嘛。"

本案中,虽然一字之差,但两者的法律意义是不一样的。周女士虽签订的是"定金",但并没有接收到卖方签收,应还称之为"订金"。所以周女士还可按法律规定主张自己的权利。

一、意向金、订金和定金

为避免购房者陷入中介的订金陷阱,我们首先要理解这三金的确切涵义是什么,在法律上围绕三金如何界定购房者、买房者、中介三者之间的权利和义务。

1. 三者涵义

购房意向金不是法律上的概念,购房意向金指购房者为订购看中的由中介公司推荐的房屋而向中介公司支付的,并委托中介公司送交房屋卖方签收,卖方签收后转为定金的一定数额的款项,通常为房屋总价的1%,或称诚意金或意向金。

订金则是一种预付款,是款项的一部分,不具有担保的性质。

定金是一种担保金,即支付定金的一方违约,收取定金的一方可没收该定金;收取定金的一方违约,应双倍返还定金。定金的意义在于以该定金为担保,督促双方按约履行合同。

在法律上并没有"意向金"这个专有名词,根据其意思,结合合同的实际情况,应该属于定金或者订金。如果无法根据合同本身的内容确定其性质的,可参考交易习惯确定其含义。通常认为,未明确有担保意思表示的意向金,应理解为订金。

2. 三者区分

购房意向书其实是买受方与中介公司之间的居间合同,其内容主要约定买受方与中介公司之间的权利义务,特别应当注意的是,该类合同都有买受方委托中介公司将意向金送交卖方,卖方签收后该意向金转为定金的条款,该条款意味着,如果买受方反悔,将可能丧失要求返还意向金的权利。

也就是说"意向金"在房主签收前为"订金"的性质,可主张收回;在房主签收后为"定金"的性质,不可随意收回。

> "意向金"在房主签收前为"订金"的性质,可主张收回;在房主签收后为"定金"的性质,不可随意收回。

二、"定"了就不能退钱

在购房过程中,购房者为表示购买的诚意或为了拥有第一购买权,需要支付意向金即为订金,但是这个订金是不具有担保成分的。只有转为定金后,才转化为有担保的形式,代表买卖双方认可对方,愿意达成一致的买卖关系,假如有一方违约必将承担违约责任。

一般来说,选择在房产中介居间介绍成交的购房者,首先会由房产中介公司的置业顾问帮其选择中意的房屋,然后签订买卖居间协议并支付意向金(订金)。收取意向金后,居间方约见房屋所有人进行房价及各项问题的确认。房屋所有人同意在买卖居间协议上签字确认,居间方将意向金转交给房屋所有人,这时的意向金就转化为定金了。与此同时,购房者需要注意,

意向金在具体操作时,一定注意下面几个问题:

1. 看房一定要仔细慎重,多看几次,反复比较,中介公司永远会说您所看得房子已经有好几个人看中,不交意向金可能就没了,您必须要意识到,这只不过是中介公司促销的手段,千万不要贸然仓促交付意向金。

2. 如果当日不能确定是否购买所看房屋,而中介公司一定要求支付意向金的,应在意向书上注明:意向金转交房东前需经本人另行书面同意。

3. 与中介签订意向书,支付意向金时,一定要仔细审阅协议的条款,看是否隐含有退还意向金前提条件的其他条款。

4. 交付意向金一定要向房产中介公司索要正规的盖有公司财务章的收据作为留存,以免房产中介公司的置业顾问有不道德的行为出现,造成不必要的麻烦。

5. 如果意向金已经转为定金后,发现房屋问题不想购买的,应及时咨询律师,探讨是否还有挽回的可能。不过一般情况下,法律规定定金是不能退还的。

如果中介公司要求收取的是定金,那如何来避免纠纷维护自己的合法利益呢?

1. 要求中介公司出示其与上家之间就该房屋挂牌出售的委托协议。在该协议中应当包括房屋基本状况、房价、委托期限和委托中介公司向下家收取定金的内容。

2. 与中介公司签订书面的中介协议。该协议至少应包括房屋的基本状况、房价、保留期限及定金的处理方法等约定,并一定要加盖中介公司的印章。

3. 与中介公司签好中介协议后实际交付定金前,购房者还应要求中介公司出具上家委托中介收取定金的委托书。

4. 收到委托书后,在交付定金时应要求中介公司出具收取定金的收据。该收

据仅有中介公司经办人员的签字不行，一定要加盖中介公司的印章。

遵循上述四个步骤交付定金，买家与卖家的定金合同便能确保有效成立，一旦出现卖家因房价上涨等原因不同意出售房屋时，买家便可依定金合同要求卖家双倍返还定金，保障买家的合法权益。

第三节　哪些补充条款要添加

签订购房合同，购房合同有一个补充协议，这个补充协议往往是房屋购买合同里没有约定的事项在补充条款里进行的约定。需要提醒购房者注意的是，补充条款在某种程度上，它约定的事项比房屋买卖合同里约定的还重要，因为补充条款是根据不同的项目的不同具体情况来约定的。所以买方在签订合同时也要注意补充条款的内容，以预防以后可能出现的纠纷。

一、要添加的补充协议

1. 公共维修基金过户

一般情况下，买卖双方房屋成交价格中都包含了公共维修基金款项。但是，公共维修基金做不到随房转移，即使房屋的产权变更登记手续已经办完，公共维修基金也不会自动转到买方名下，必须办理公共维修基金的过户手续，地点在房屋所在地的各区县专项维修资金管理部门。因此，补充协议应当约定双方共同办理公共维修基金的时间。

2. 一房二卖的特别处理

一处房产签多家买卖合同是卖方或中介最恶劣的违约行为，它可能导致买方钱房两空。以北京为例，为了防止一房二卖，北京市建委和工商局的示范合同文本订立了一个极具威慑力的条款："出卖人将该房屋出卖给第三人，导致买受人不能取得房屋所有权证的，买受人有权退房，出卖人应当退还买受人全部已付款，按照约定利率付给利息，并按买受人累计已付房价款的一倍支付违约金。"

如此高额的违约金——已付房价款的一倍，而不是定金的一倍，足以让因房价上涨而反悔的卖方望而却步。该条款参考了销售新房的相关法律规制措施——最高院《关于审理商品房买卖合同纠纷案件适用法律若干问题的解释司法解释》（法释[2003]7号）。所以起草补充协议时可以加上此条款。

3. 关于预告登记的约定

预告登记是由物权法规定的一个新制度，它是指在不动产交易过程中，为防止合同生效后办理权属转移登记手续前不动产权利人另行处分该不动产，双方按合同约定将不动产转移事项向登记机构进行预先登记，确保受让方在条件成熟时进行正式产权登记。预告登记后，未经权利人同意，产权人不能处分该不动产。可见，卖方如果"一房多卖"，进行预告登记的买方不受任何利益损失。

由于预告登记需要建立在双方自愿基础之上，房地产登记机构办理预告登记须依双方的登记申请进行，因此最好书面约定双方同意向房屋所在地房地产登记机构申请预告登记。

4. 按揭无法办理时双方的责任

现在买房通常需要按揭，确实有的情况下按揭没有办下来，没有办下来的原因比较复杂，有购房者的原因，也可能有房屋本身的原因，甚至也有一些是银行方面的原因，也有一些是综合的。要明确，如果按揭办不下来，双方各自的责任是什么。

5. 各种法律文件之间的冲突解决办法

买卖二手房需要签署的法律文件很多，仅合同而言，就有定金合同、居间合同、买卖合同、补充协议等。各份合同的内容有时会出现互不一致甚至相冲突的情况，这就需要明确定金合同、居间合同如与买卖合同发生冲突，以买卖合同为准。而补充协议正是因为买卖合同有缺陷才订立的，因此补充协议要说明其他合同文本如与补充协议相冲突，以补充协议为准。

二、协议内容视具体而定

补充协议是非常重要的一个部分。首先，其灵活性强，几乎所有条款都要由双方商议决定。其次，补充协议的内容有着比正文更大的优先级，也就是说，如果补充协议中有和正文冲突的地方，应以补充协议为准。

以上所叙述的五个补充协议条款是任何一种买卖都可以或者应当约定的内容。除此之外，补充协议的内容还应当视具体情况而定，每一单买卖的当事人所期望的付款方式、房产有无抵押、交房时间、过户时间、违约责任数额的不同等等都会影响到补充协议的具体内容。网上有"房屋买卖合同204条补充条款"，令人咂舌，所以多花一些钱请律师来起草补充协议，替当事人把好查漏补缺的关是必要的。

下面是一位律师替购房者起草的补充协议，希望能给大家一些启示。

1. 买卖双方与居间方为了顺利完成交易事项，在签订其他合同、协议前先达成该补充协议。该补充协议所约定的条件是这次买卖成立的前提和有关合同协议生效的要件。

2. 居间方代办卖方房产提前还款。买方提供提前还款所需资金，该资金在签订合同后三个工作日内交到工行，并随即为房产解除抵押。

3. 卖方售房净得价为四十七万（470000）元，不承担交易税费及中介代理费。

4. 买方需为全款购房，不得以申请贷款为由拖延付款。

5. 房产解除抵押后要立即办理过户，解押后三个工作日内，办理过户；买方在过户之前要将剩余房款全数支付给卖方。卖方在实际已收到全款后，才有义务配合过户。

6. 合同签订时，卖方应收到四万七千元定金。

7. 卖方保证自己是该房唯一的所有人，拥有完整的所有权，出售该房是合法的、有效的。卖方对产权的保证仅限于此，对方不得以其他事由纠缠。

8. 卖方所需提供之证件，仅限于法律规定为本次交易绝对必要的证件，其他当事人不得无理要求用于炒房参考的文件、证件。

9. 卖方收取一切售房尾款后搬出该房，并交钥匙。物业费未结清的，买方可以暂扣3000元，在结清物业费后1个工作日内向卖方退还该款。

10. 卖方所售房产不包括附属设备、设施。但在卖方自愿时可以赠送，并声明对附属设备、设施、装饰的质量不承担保证义务。

11. 中介方负责提供买方身份证、中介经办人身份证的复印件。

12. 签合同时，先由中介签字，然后买方签字，最后由卖方签字。卖方在签合同时，必须有代理人或法律顾问或亲戚在场，并签字，否则所签合同不生效。

第四节　房主毁约该如何处理

案例一：没签合同，买主被迫妥协

赵女士今年6月看中了金陵大公馆一套137平方米的房子，当时约定房主净得价为180万元，双方各自缴税。6月5日，她向房主缴纳了2万元的订金。在即将办理过户手续时，房主却要求赵女士支付4万元的契税等费用。考虑到房价上涨和买房难，赵女士被迫妥协。

案例二：签了违约合同，房主无法

今年3月，刘先生看中了白下区长白街中天花园的一套房子。由于该套房还没满两年，此时交易房主要交数万元的营业税。在房主的要求下，刘先生同意等到7月1日房子满两年后过户。刘先生先向房主支付了30万元的首付款。

7月1日,当刘先生准备按约定去办理过户手续时,房主居然提出,要在约定的房价基础上加5万元,否则就不卖了。幸运的是,由于签订的合同中注明了违约方要向守约方赔偿总房价5%的违约金,受此条款约束,房主才放弃临时涨价。

案例三:签了合同,房主照样毁约

2007年3月初,吴先生购买了河西一套总价108万元的次新房,签订了购房合同,并交给了房主5000元的订金。6月份,约定的过户时间到了,房主却告诉吴先生,这套房子卖给别人了,愿意退还订金并支付违约金1万。

听到这个消息,吴先生非常气愤。他四处打听才得知,3个月内房主涨价了15万并成功交易。经过多次协商,加上合同上约定了5%总价的违约金,房主最终赔偿了吴先生4万元,另外向中介赔偿了1万元的中介费。

然而,即使是获得4万元的违约赔偿金,吴先生认为自己仍是输家。"如果当初自己购买了其他房子,可能早已过户了。而现在,以同样的价格,短期内不可能再买到同等地段的房子了,白白耽误了时机。"

随着房价上涨,目前二手房交易中,合同毁约率直线上升,特别是在因为种种原因而没有过户的交易中,买房人利益很难得到保障,临时涨价的大多高达数万元。从上述三个案例中看到,买卖双方签订合同并明确违约责任是可以避免购房者的一些损失的。为此提醒买房人,千万不能掉以轻心,合同中要写明违约责任,谨慎出手。

一、法律法规

《房屋买卖合同》中规定:"违约方如为卖方则需双倍赔偿买方所支付的定金数额,并支付中介5%的咨询及中介服务费用",而且卖方赔偿买方和中介公司损失并支付诉讼费。

业主在出售房屋时一定要注意:《房屋买卖合同》一旦依法签订,便具有法律效力,收取购房定金或房款后就应履行合同所约定义务,否则,就要承担违约责任。

在《房地产买卖合同》中,合同双方一般都会约定违约责任的相关条款,如部分合同中会有"卖方违约则需双倍赔偿买方所支付的定金数额"的约定条款。根据我国《合同法》第一百一十五条的明确规定:"当事人可以依照《中华人民共和国担保法》约定一方向对方给付定金作为债权人的担保。债务人履行债务后,定金应当抵作价款或者收回。给付定金的一方不履行约定的债务的,无权要求返还定金;收受定金的一方不履行约定的债务的,应当双倍返还定金。"因此,买方要支付双倍违约金是有法律根据的。

二、专家建议

毁约的理由形形色色，有的让房屋其他共有人出来主张自己不知情；有的让第三人以承租人的身份起诉主张优先购买权；有的则以拒收房款等方式，造成买房人延期付款，再主张其违约……

提高违约金，提高定金，增强约束力

当前房价上行的情况下，怎样才能防止房主毁约呢？

一是在签订三方合同时，将房产证、土地证等有效证件押在中介公司。房主因为房价上涨想卖给其他人时，就无法在购房者不知情的情况下办理过户手续。即使房主进行挂失，也需要1个月左右的时间，在此过程中购房者就有时间防止房主毁约。

二是在合同中将违约金提高，增强约束力。上述案例三就是由于违约金相对房价涨幅较低。现在有不少房主宁愿支付违约金，也要高价转卖，还有其他购房人主动提出支付违约金买房。在此情况下，合同约定中可以考虑将违约金提高到较高水平，当违约金与上涨的房价相近时，能有效减少违约，即使违约也能获得相应的赔偿。

三是在合同中约定中介费由毁约方支付。按照当下北京的3%的比例，中介费是一笔不小的费用，原本是买卖双方各付一半，但是如果毁约往往引起纠纷，这样的约定能避免纠纷并保护购房者的利益。

四是提高定金，增加约束力。按照合同法约定，违约金为定金的双倍，较高的定金对买卖双方的约束力都更大，让交易更理性、更安全。

第五章　申请二手房贷款阶段

第一节　如何知道自己是否满足贷款条件

个人住房按揭贷款的发放对象是具有完全民事行为能力的自然人。根据有关规定，申请二手住房贷款必须具备以下 5 个条件：

年满十八岁以上，具有完全民事行为能力的自然人；

在中国境内具有常驻户口或有效居住身份；

具有固定职业或稳定合法收入，有按期还本付息的经济能力；

必须是具有房屋产权证的现房，符合国家规定的上市交易条件，可进入房地产市场流通；

不低于所购买房款 20% 的首付款；

以往无不良信用记录；

男性现有年龄加贷款期限不超过 60 岁，女性现有年龄加贷款期限不超过 55 岁。

由于二手房权属问题的复杂性，各银行对二手房的贷款条件相较之一手房较为严格：

一、各类二手房贷款的难易程度

1. 商品房

这类二手房在上市交易时受政策限制较少，所以银行更愿意接受这类房产贷款。

2. 政策性保障住房

政策性保障住房在办理贷款时，银行一般审核会比较严格。目前建委对经济适用房的政策是未满五年不允许上市交易，所以借款人在购买时一定要弄清楚所购买的房产是否已满五年。另外新推出的两限房或是其他类似的保障性住房，在出售时也都有一定的限制条件。另外，值得注意的是一些特殊性质的房产是不能或直接上市交易的，比如：军产的房、校产、乡产、小产权以及标准价出售的已购公房等等。

3. 已购公房

已购公房在进行交易时涉及很多限制条件，首先需征得原房产单位同意后，购房人方可上市出售；其次，上市前需按规定补足成本价（优惠价或标准价出售的住宅）才可上市交易；所以，银行在办理这类房产贷款时一般会比经济适用房更为严格，除需满足基本要求取得房产证后，另外还需要贷款的房产不在抵押状态中，这样银行才可以为借款人办理相关贷款手续。

二、能贷到多少钱

办理新房贷款时，首付款是按照购房时的市场价作为参考，但办理二手房屋贷款是根据评估价作为参考。

所谓评估价，就是根据当时的市场情况，通过银行指定的专业评估机构进行房产价值评估而计算得来，二手房贷款额是房产评估值和房产成交价取低原则来决定的。一般来说评估值低于市场价。

二手房评估价大多为市场价值的80%，部分房龄较长的房屋这一比例会更低。一般来说，贷款额最高上限为二手房评估价的80%。因为，贷款的成数要根据房产性质、房龄、借款人综合条件等而定。还有，个人资质也会影响您的贷款额度：如个人年龄，是否贷过款，信用记录，收入等。按照"贷款额最高上限等于二手房评估价80%"的比例计算，购房人实际能够获得的二手房贷款额度最高相当于全套房屋成交价的64%，因此二手房买主的首付款比例将大大增加。

> **温馨提示——能贷多少钱？**
>
> 二手房屋贷款是根据评估价作为参考，一般来说评估值低于市场价。银行一般按照"贷款额最高上限等于二手房评估价80%"的比例计算您可得到的贷款额。
>
> 例如：某商品房成交价为120万元，评估公司评估值为100万元，贷款成数为8成，则贷款额为100万*0.8=80万，借款需要交40万的首付，而不是像一手房那样只需交24万的首付(120*0.2)。
>
> 这就解释了很多买主对于要买的房产明明市值很高，但是却不能贷出想贷的或者特别高的款额。所以二手房买主的首付款比例比一手房来说要高出许多。

例如：某商品房成交价为120万元，评估公司评估值为100万元，贷款成数为8成，则贷款额为100万*0.8=80万，借款需要交40万的首付，而不是像一手房那样只需交24万的首付（120*0.2）。

许多购房者会忽略了二手房评估值的影响，因此，建议广大购房者最好先向专业的贷款机构咨询，对借款人意向购买的房产做评估，综合评估借款人能够贷多少款？有多少钱是可以付首付的？这样可以避免借款人陷入不必要的窘境。

三、不同银行条件不同

二手房商业贷款的最高贷款期限是30年，对具体房屋而言，最高贷款期限银行根据房屋新旧程度和借款人的年龄确定。根据银行的一般规定，二手房商业贷款最高贷款额度为房屋价值的80%，房屋价值为房屋评估值和房屋交易总价的最小值。针对具体贷款，根据房屋的新旧程度，银行会在上述标准内适当降低批准的贷款额度。所以，在申请贷款前，购房者应向银行咨询具体的审批额度。

从总体上说，建行、工商行、农行以及中国银行四大国有银行基本一致：1985年以后的二手房贷首付最低是二成。

2004年下半年，银行贷款开始紧缩，各家银行贷款额度及期限都出台了细则，相比以前的放贷标准要科学很多，但严谨的标准带来的是对放贷对象及房子的严格审核。2007年引发的全球金融危机，使政府在2008年的下半年采取了较为宽松的信贷政策，银行对二手房贷款条件也纷纷放松。所以购房者在进行二手房贷款时，选择你所贷款的银行，根据房屋年限、借款人年龄等的不同详细咨询其的二手房贷款细则。

第二节　选择适合自己的房贷

买房，不管新房还是二手房，对于大多数家庭而言，都意味着一笔巨额的支出。由于买房人自身的经济实力有限，无力一次性支付全部房款，想拥有房子，于是就想到贷款买房。如何筹集巨款，早日圆上住房梦，巧妙利用贷款按揭，是购房者明智的选择。在现实中，贷款的品种丰富多彩，哪一种适合自己？在贷款前如何正确评估自己？都是购房者在选择房贷前认真考虑的问题。

一、房贷种类

由于购房金额的庞大，购房人买房，通常没有能力靠已有的存款支付房款，只能通过向银行贷款来完成,即使有能力的购房人,也经常会出于资金利用的考虑而向银行贷款。

二手房房屋贷款主要分为:

公积金贷款

商业性住房贷款

组合贷款

商业贷款完全属于银行住房贷款,相对来讲利息最高,由于钱来自银行,在银行能接受的风险范围内,贷款额度通常不会受到什么限制。当然没有愿做赔本买卖,如果银行不愿提供足额贷款,一定是银行认为贷款人不还款时,通过拍卖抵押的房子,无法全部收回贷出去的款。

公积金贷款由于是政策性贷款,相对来讲利息最低,由于它的资金来源是职工向住房资金管理中心缴纳的公积金,因此,只有缴存公积金的购房人才能申请,贷款额度也受到严格限制。

组合贷款顾名思义是公积金贷款和商业贷款两种贷款形式组合在一起,通过商业贷款补足公积金贷款额度不足部分,利息介于公积金贷款和商业贷款之间。

1. 公积金贷款(以某地区的规定为例)

贷款人条件	具有城镇长住户口和有效居留身份; 连续足额缴纳公积金满6个月方可申请(异地公积金尚不能通用)。
贷款额度/贷款最高限额	夫妻两人正常缴纳公积金的,按评估价的70%贷款,最高贷到45万元。 夫妻一人及家庭成员一人正常缴纳公积金的,按评估价的60%贷款,最高贷到40万元。 夫妻两人中一人正常缴纳公积金的,按评估价的50%贷款,最高贷到35万元。
贷款期限	最长贷款期限是30年,并只能至法定退休年龄的工作年限以后5年。 例如:某男40岁(60岁退休), 公积金贷款购房,贷款最长期限为60-40+5=25年。
抵押房屋面积	无面积要求
贷款利率	根据中国人民银行规定的利率执行。

注:各地公积金贷款规定可能不一样。

2.商业性住房贷款

各类银行	中国银行	建设银行	工商银行	农业银行	其他商业银行
贷款人条件	贷款发放对象:具有完全民事行为能力的自然人,具有还款能力,每月还款数额不得超过还款人月收入的50%。				商业银行政策与国有银行相比比较宽松。可具体咨询各商业银行。
贷款额度/贷款最高限额	评估总价的70%	1.房龄<14年,评估总价的70% 2.房龄>14年,评估总价的60%	评估总价的70%	房龄<10年,或面积<90 m²,评估总价的70% 房龄>10年,或面积>90 m²,评估总价的70%	
贷款期限	房龄+贷款年限<30年	房龄+贷款年限<30年	房龄+贷款年限<30年	房龄+贷款年限<40年	
	以上条件需满足"最长法定退休年龄的工作年限以后5年"				
抵押房屋面积	60m²以上	60m²以上	60m²以上	60m²以上	
抵押房屋房龄	无规定	1990年以前的房屋贷款不受理	房龄<20年	无规定	
贷款利率	根据中国人民银行规定的利率执行。				

下面介绍其他两家商业在北京的二手房商业贷款的一些细则,希望能给读者一些启示。

(1) 上海浦东发展银行

承接的物业范围:城八区内。

贷款放款成数:

建成于1992年(含)至1994年(含)的房屋,放款额为评估价的6成。

建成于1995年(含)至1999年(含)的房屋,放款额为评估价的7成。

建成距今5年内的房屋客户贷款额为评估价的8成。

特殊情况:

借款人的资质也是放款额度的审核标准,例如,浦发银行是对以下职业的申贷人,凡购买房屋建成于1992年以后房子,贷款额度可为评估价的8成:医生、教师、大学教授、国家公务员、银行正式在编人员。

(2) 民生银行

承接的物业范围:城八区内。

放贷年数：贷款年限＋房屋建成年数 ≥ 35 年。
贷款放款成数：
楼龄在 5 年以内为评估额的 8 成。
楼龄在 5~20 年内为评估额的 7 成。

二、贷款买房原则

1. 现有实力综合评估

对家庭现有经济实力作综合评估，以此确定首付款与贷款比例。银行审批的贷款额度一般来讲是小于或等于申请的贷款额度，避免贷款额度不足而造成房屋买卖合同违约。

2．未来的合理预期

对家庭未来的收入及支出作合理的预期。谨慎的制定贷款及还款计划，如果你的预期收入有风险以及有较大的预期支出，将会削弱你的还款能力，从而影响你的还款资信。可以从下面两个方面来考虑：

(1) 谨慎可靠的收入预期。要考虑的因素包括年龄、专业、学历、工作单位性质、行业前景乃至宏观经济发展趋势等。

(2) 未来大额支出的预期。要考虑的因素包括结婚、生育、健康、求学、出国以及购买其他大额消费品等。如果您的家庭预期有较大的支出，这将会削弱您的还款能力。

3．预算还款能力

还款能力是决定可贷款额度的重要依据，其计算方式是：家庭平均月收入减去家庭平均月支出的余额，在计算时要考虑收入和支出的可能变化。

例如：市民赵健家庭中，丈夫月收入为 2000 元，妻子月收入为 1000 元，每个月衣、食、住、行支出为 1000 元，教育保险等其他支出为 650 元，那么每月的还款能力为：2000 ＋ 1000 － 1000 － 650 ＝ 1350 元。

4．组合贷款的最优组合原则

公积金贷款尽可能多，商业性贷款尽可能少。

5．首付款的宽松原则

首期付款不要把手头的现金用完，而应留有资金用于装修、配置、还款、投资、创业的费用。

6．评估所买房屋的贷款资格

若是房龄太久，贷款成数有可能达不到你的要求，还有一些房屋银行是不贷款的，比如拍卖的房屋。以免因不能贷款或贷款额度不足而影响你的购房计划，甚至因贷款原因不能支付卖方房款而造成违约。

第三节　二手房贷款注意事项

随着住房金融业务的发展，越来越多的市民通过按揭圆了自己的住房梦，提高了本人与家庭的居住质量。但是，银行人士发现在借款人办理银行贷款时，不少借款人常常会忽略一些原本应值得注意的问题与环节。

贷款一般都是由中介公司带领买方上银行办理（卖方无须到场），主要是办理贷款签字程序，一般3-5个工作日如果没有特殊情况银行就会审批通过（但银行放款必须等过户完毕房屋所有权证出件之后），通过之后银行会出具《借款合同》和《抵押合同》若干份。

另外需注意的是原房屋如果有贷款还未还清，必须还清之后才能帮买方办理贷款手续；所以卖方必须预约银行进行提前还贷手续。

下面是购房者在办理贷款时需注意的事项：

一、贷款六要

1. 申请贷款额度要量力而行

在申请个人住房贷款时，借款人应该对自己目前的经济实力、还款能力作出正确的判断，同时对自己未来的收入及支出作出正确的、客观的预测。

2. 办按揭要选择好贷款银行

对借款人来说，如果您购买的是二手房，您就可以自行选择贷款银行。按揭银行的服务品种越多越细，您将获得灵活多样的个人金融服务，以及丰富的服务与产品组合。站在市民的角度考虑，无疑市民拥有越多的选择权越好。虽然选择余地很丰富，但各家银行对二手房贷款规定的细则是不一样的，你要结合自己的状况选择最省钱最适合的贷款银行。

3. 要选定最合适自己的还款方式

目前基本上有两种个人住房贷款还款方式：一种是等额还款方式，另一种是等额本金还款方式。等额还款方式的优点在于，借款人可以准确掌握每月的还款额，有计划地安排家庭的收支。而等额本金还款方式较适合于还款初期还款能力较强、并希望在还款初期归还较大款项以此减少利息支出的个人。

以前，房贷均采取浮动利率制，中、长期贷款利率根据央行的基准利率变化及时调整。如今,二手房贷款利率有固定利率和浮动利率两种形式。固定利率房贷是一种一定期间内贷款利率保持不变的人民币个人住房贷款,其目的是规避利率上风险和通胀风险。不同的利率种类,最终还贷的款额也会有所差别。对此,借款人要根据自己的实际情况进行选择。

4. 向银行提供资料要真实

申请个人住房商业性贷款,银行一般要求借款人提供经济收入证明,对于个人来说,应提供真实的个人职业、职务和近期经济收入情况证明。因为如果你的收入没有达到一定的水平,而你没有足够的能力还贷,却夸大自己的收入水平,很有可能在还款初期发生违约,并且经银行调查证实你提供虚假证明,就会使银行对你的信任度大大降低,从而影响到自己的贷款申请。

这种情况在实践中确有发生。有些人找单位开具较高的收入证明;甚至有些人没有工作单位,为了得到银行贷款,往往找单位给自己出具收入证明,甚至私刻公章。一旦事情败露,不仅得不到贷款,在银行里留下不良记录,还可能承担刑事责任。

5. 提供本人住址要准确、及时

借款人提供给银行的地址准确,就能方便银行与其的联系,每月能按时收到银行寄出的还款通知单。遇人民银行调整贷款利率,您就可在年初时收到银行寄出的调整利率通知。此外,特别提醒借款人注意的是,当您搬迁新居,一定要将新的联系地址、联系方式及时告知贷款银行。

6. 每月要按时还款避免罚息

对借款人来说,必须在每月约定的还款日前注意自己的还款账户上是否有足够的资金,防止由于自己的疏忽造成违约而被银行罚息,千万不要因为自己的一时疏忽,而造成资金损失,同时,在银行留下不良信用记录。

二、贷款六不要

贷款买房一般是存款不多的年轻上班族的救命稻草,但贷款毕竟不是件小事,要充分考虑周全才行。有专家指出,贷款买房还要注意做到"六不要"。

1. 申请贷款前不要动用公积金

如果借款人在贷款前提取公积金储存余额用于支付房款,那么您公积金账户上的公积金余额即为零,这样您的公积金贷款额度也就为零,也就意味着您将申请不到公积金贷款。

2. 在借款最初一年内不要提前还款

按照公积金贷款的有关规定,部分提前还款应在还贷满1年后提出,并且您归还的金额应超过 6 个月的还款额。

3. 还贷有困难不要忘记寻找身边的银行

当您在借款期限内偿债能力下降，还贷有困难时，不要自己硬撑，可向银行提出延长借款期限的申请，经银行调查属实，且未有拖欠应还贷款本金、利息，银行就会受理您的延长借款期限申请，减少每月还款额。

4. 贷款还清后不要忘记撤销抵押

当您还清了全部贷款本金和利息后，可持银行的贷款结清证明和抵押物的房地产他项权利证明前往房产所在区、县的房地产交易中心撤销抵押。

5. 不要遗失借款合同和借据

申请按揭贷款，银行与您签订的借款合同和借据都是重要的法律文件，由于贷款期限最长可达 30 年，作为借款人，您应当妥善保管您的合同和借据，同时认真阅读合同的条款，了解自己的权利和义务。

三、贷款所需证件

类型	商业贷款	公积金贷款
卖方	房屋所有权证、国有土地证原件及复印件1份 卖方夫妻身份证复印件1份 贷款评估报告1份	房屋所有权证、国有土地证原件及复印件1份 贷款评估报告1份
买方	买方夫妻身份证原件及复印件1份 结婚证原件及复印件1份 户口簿原件及复印件1份，外地人要暂住证原件复印件1份 夫妻双方私章 单位出具的收入证明（加盖公章）（月还款额的2倍） 除去贷款部分的房款已付凭证件复印件（收条）	买方夫妻身份证原件及复印件2份 结婚证原件及复印件2份 户口簿原件及复印件1份，外地人要暂住证原件复印件1份 夫妻双方私章 除去贷款部分的房款已付凭证件（收条），网上备案合同

四、贷款流程

办理二手房贷款较为复杂，一般来说，购房者向银行申请贷款有哪些程序呢：

第一步：确定申请人是否具备借款基本条件（主要审查贷款金额和期限、借款人的条件、所购房产是否符合银行要求）；

第二步：要求申请人提供符合要求的材料：夫妻双方身份证、户口簿等身份证件、结婚证，收入稳定证明原件，居委会签章的身份证明，银行要求提供的其他材料；

第三步：初审合格后，要求申请人填写借款申请书；

第四步：要求借款人、售房人在银行开立个人储蓄账户。

第五步：银行根据贷款的终审意见向借款人和售房人出具《二手房按揭贷款意向书》，签署《二手房按揭贷款合同书》和借据。

第六步：由银行指定中介机构办理房产过户抵押登记、房产保险及合同公证手续。

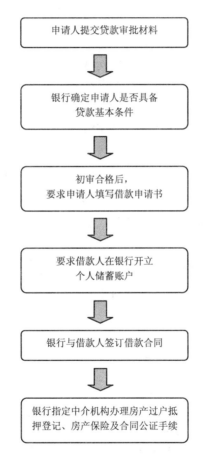

第四节　首付款支付风险

通过房产中介，天津的张先生看中了一套三居室，成交价为 80 万元，中介公司表示，这套房最低可以贷到 50 万元。张先生很快签订了购房协议，并向中介公司支付了 30 万元首付款。但是在申请银行贷款时遇到了麻烦，按照张先生的还款能力和这套房子的价值，银行只批贷 25 万元，还有 25 万元的缺口。张先生急了，希望退房并要回先前支付的中介费和首付款。中介说，协议上并没有保证你能贷到款，中介费和首付款不能退，缺口 25 万元只能由张先生自己想办法。张先生现在一脸茫然。

近期二手房交易市场回暖，但是由于一些买家对二手房交易首付款的计算方法不了解，使自己陷入了困境。

一、银行是为了规避风险

在目前的政策下贷款买房，购买新房和二手房在贷款首付的计算方法上有较大区别。二手房评估价大多为市场价值的 80%，部分房龄较长的房屋这一比例会更低。按照"贷款额上限等于二手房评估价 80%"的比例计算，购房人实际能够获得的二手房贷款额度最高相当于全套房屋成交价的 64%（一般市场价 80%×最高贷款成数 80%），因此二手房买主的首付款比例比一手房来说要高出许多。

另外，贷款成数也根据房产性质、房龄、借款人综合条件等而定。还有，个人资质也会影响您的贷款额度如：个人年龄，是否贷过款，信用记录，收入等。所以实际上一些购房人能够得到的最高二手房贷款额度是远低于全套房屋成交价的 64%。

二手房评估是由专业的房地产评估公司来评估的，一般情况下，各银行对于评估标的认定各有不同。各个评估所对于房产价值的认定主要是参考：房产的位置、交通情况、楼层、朝向、房屋的建成年代、房屋格局、实际用途、装修情况、建筑面积等等都有关系。一般情况下评估价都要低于市场价 1000-2000 元每平方米，但是对于个别的社区也要区别看待。

> 与中介签订合同时，须注明购房条款中"银行未能批准贷款，购房合同自动解除"等免责条款。

银行为什么参照评估值来放贷呢？银行主要是为了规避风险，因为房价在不断的波动，对于银行来讲一旦评估价跟市场价持平的话那么银行的风险将大大增加。所以，对于各个银行来说一定是按照评估价来贷款的。这也就解释了为什么很多客户对于要买的房产明明市值很高，但是却不能贷出想贷的或者特别高的款额。

二、如何跳出首付陷阱

由于大部分的购房者对于银行的上述规定并不知晓，值得注意的是，一些中介会在签合同前故意隐瞒真实的首付款，同时在购房合同中明确首付款的付款期限。购房人便被这份"做死"的合同套牢了，在定金已付的情况下，无论选择退房还是逾期交齐首付款，购房人都很可能会面临高额的违约索赔。

1. 对于各种二手房买卖的过程中，一定要注意评估价是否能够满足您的贷款成数，以及贷款额。最好事先咨询一下，找专业人士帮您估算一下评估值，看看您的资质以及房产情况能否满足您想要申请的贷款额度，以免在向中介付过定金与首付款后才得知银行不批准或贷款额度较低。选择合适的机构和贷款方式，才能保证您能顺利的贷款和还款。

2. 专业人士介绍，二手房买主在与中介签订合同时，须注明购房条款中"银行未能批准贷款，购房合同自动解除"等免责条款。以免在银行不能批准贷款或放款额度较低时，中介还要强制购房者履行购房合同。

第五节 中介公司代理费何时支付

按照房地产中介机构所提供服务种类的不同，其收费一般可分为：房地产咨询费，房地产价格评估费、房地产经纪费三类。具体来说，购房者向中介支付其服务费用时，要分清是信息咨询业务、价值评估业务还是经纪代理业务，如果属于综合性的委托，则要在合同中写明是"房地产咨询、评估、经纪代理合同"。所以由于提供的服务内容和质量不同，不同的房地产中介机构的收费可以不同，收取时间也有所不同。房地产中介合同是明确当事人双方的权利义务最为重要的依据。消费者接受中介机构服务时，必须签订中介合同，这样才能更好地维护自身利益。

一、部门法规

虽然房地产中介服务收费实行明码标价制度，多数中介服务都是严格按照国家有关规定收费的，但是在接受中介服务的过程中，作为委托者的消费者，还是应当和房地产中介机构就中介报酬或咨询费、评估费等的付款方式及时间达成一致的协议，并按照要求清楚、详细、具体地规定在合同中。这样就能够有效地防止中介机构乱收费、收费后不再履行其责任义务等不法行为的出现。

根据1999年12月22日国家计委等六部门发布的《中介服务收费管理办法》第十四、第十五条规定：

应委托人的要求，中介机构实施收费应与委托人签订委托协议书。委托协议书应包括委托的事项、签约的义务和责任、收费的方式、收费金额和付款时间等内容。

中介机构向委托人收取中介服务费，可在确定委托关系后预收全部或部分费用，也可与委托人协商约定在提供服务期间分期收取或在完成委托事项后一次性收取。

二、专家建议

2005年3月9日，潘小姐为改善居住环境，向××公司表示购买静安区内的二手房，并书面委托该中介商代她找建筑面积在100平方米以下，价格在150万元之内的房源。委托期限至中介成功为止，可按实际成交价的1%支付佣金。后经中介撮合，潘小姐在看房确认书上签名后，看中了昌平路一处建筑面积81.99平方米的二手房。据此，潘小姐与卖家茅某及中介商一起，签订了"房地产买卖居间协议"，达成了115万元的成交价。同月28日，潘小姐与茅某签订"上海市房地产买卖合同"，还特别约定：茅某于3月30日前向债权银行核实，如债权银行不同意茅某在本合同签订后30日内提前还清贷款，则潘小姐有权单方面解除合同。之后，因银行不允许卖家茅某转按揭，潘小姐遂与茅某解除了房屋买卖合同，也未向中介商支付佣金。后房产中介商向法院起诉，称自己完成了房地产中介，依据约定潘小姐理应支付承诺的1%的佣金。至于潘小姐与卖家因何未完成买卖交易，与中介商的中介无关。

2005年8月19日，上海静安法院判决，对上海××房地产公司向潘小姐追索佣金11500元不予支持，认为中介公司取得佣金的条件不成熟；但对潘小姐自愿支付2000元给中介商的前期报酬予以支持，毕竟中介公司在订立中介合同时付出了一定的劳动。

中介在本合同中并没有进入到实质性的交易阶段，中介只是给潘小姐提供了房产交易信息，中介和潘小姐约定了中介费是房产价格的百分之一，但同时又约定抵押权人不将贷款全部还清，房屋无法过户，在这种情况下，潘小姐可以解除合同。这里所指的佣金报酬，是房屋居间成功后才发生，尽管双方签署的书面材料，看似居间完成了，但房产交易的完成，是以国家房产交易中心产权登记转移才算完成，也就是说要房屋的产权证过户到自己的名下，而不是"纸上谈兵"签署合同就算完成。

所以，我们在签订房屋中介合同时应当注意费用支付的标准与时间。这一点是必须予以明确的：是在订立中介合同时支付，还是在房屋所有权转移后才支付？

本案中，合同约定在房屋所有权转移之后支付佣金，由于房屋没有交易成功，所以中介公司是没有理由去法院起诉要求支付佣金的。有时人们会在合同签订时支付佣金，这样作对买方的风险比较大，因为不论房屋交易是否成功，买方都支付了一部分佣金，如果交易不成功则买方失去了一部分资金。在法律上，居间人的地位类似于委托人的地位。

居间就是居间人为委托人提供订立合同的机会或者信息，委托人支付报酬的关系。居间合同是指居间人向委托人报告订立合同的机会或者提供订立合同的媒介服务，委托人支付报酬的合同。

实践中，如果在签订合同时就支付佣金显然对当事人双方是不公平的，所以应该将支付报酬的时间往后延长点，这样对双方都是有利的。居间人促成合同成立的，委托人应当按照约定支付报酬；居间人未促成合同成立的，不得要求支付报酬，但是一方支付了一定的费用，可以要求委托人支付从事居间活动支出的必要费用。

所以专家建议：中介的代理费不要过早支付，要在买卖双方签订合同时，再来商定费用问题。在签订合同时，最好约定交易成功或者没有成功的情况下应付的佣金费用怎样计算。但代理费应是在房屋所有权转移至买方后再予支付，签订合同但由于各种原因未完成交易的买主至多付给中介居间介绍费。

专家建议：中介代理费的支付应以房屋所有权转移为节点。

三、正规中介公司何时收费

1. 牵线搭桥不收费

（1）消费者选择了一家房地产经纪公司后，中介方会把购房信息或售房信息记录在册，有些中介公司还会让消费者填写《房源登记表》或《客户需求登记表》。

（2）中介公司到待售房屋进行实地勘察、定价。房主若是接受了这一价格，可与房屋中介签订《委托代理售房协议》，并提交相关证件。

（3）中介公司为买卖双方进行需求配对，并带领购房者去看房，而且可能会看许多套房屋，直到购房人满意为止。在此过程中，正规中介不向购房人收取任何看房费或押金。

（4）购房人达成购买意向后，可同中介公司签订《委托代理购房协议》，并缴纳定金（各个公司收取的不一样，有些是总房价的10%，有些是一万元，有些是两万元，但是，交易达成后，这部分款项充抵购房款）。

2. 交割完成再收费

买卖双方确认房屋的价格及相关事宜后，双方到中介公司签订买卖合同，有些区县的房地产交易管理部门要求买卖双方到交易大厅现场填写。然后买卖双方再到交易大厅进行过户手续的办理。

但在立契过户前，中介公司协助买卖双方进行物业交割。中介公司在买卖双方对房产确认无误后，协助买卖双方进行物业交割和物业管理费结清及办理卖方的户口迁出，将房屋钥匙交与买方，将买方的房款交与卖方。

此时，房屋中介公司要收取"佣金"了，各个公司要求不一样：有些向买方收取，有些向卖方收取，还有的各收一半。例如一些市地规定，代理费用不能超过房价的2.5%（独家代理不能超过房价的2.8%）。

第六章 二手房评估与过户

第一节 二手房评估

虽然目前市场上的评估公司饱受争议,但是由于银行和征税部门必须凭评估报告进行贷款或征税,评估公司有它存在的意义。

一、是评估房屋本身价值

1. 哪些需要评估

购买房屋时可能需要房地产估价

交易双方当事人向房地产管理部门申报其成交价格时,房地产管理部门如果认为明显低于市场价值,会委托具有一定资质的专业评估机构对交易的房地产进行评估,并以评估的价格作为缴纳税费的依据。此外,交易双方为确定合理的交易价格,也可以委托评估事务所进行评估,以评估价作为交易价格的参考。

申请抵押贷款时需要房地产估价

向银行申请房地产抵押贷款时,抵押人以抵押物作为还款的担保,银行为确定抵押物的担保价值需要对抵押人的房地产进行估价。借款者为了证实其拥有的房地产价值,确定其可能获得的贷款金额,也会委托估价机构对自己的房地产价值进行评估。

进行房地产保险时需要房地产估价

遇到征地和房屋拆迁时,要进行补偿估价

发生房地产纠纷时要进行房地产纠纷估价

2. 如何评估

二手房价格评估既是一个市场化行为,也是一个非常专业化的房产研究行为,涉及的因素很多,过程也比较复杂,是目前房产交易双方极其关心的问题。目前,房地产评估机构对二手房进行评估有市场比较法、收益法、成本法三种方法,但大多数评估机构在有条件的情况下一般选用市场比较法。

所谓的市场比较法是指,挑选至少3个以上与欲评估房屋在地段、房龄、户型等方面相类似市场实例与所评估二手房进行比照,然后依据实例价格再根据所评估房屋的具体情况做出适当修正。其中,修正价格的因素包括物业类型、结构、层次、朝向、室内净高、开间跨度、建造年代、权属、地段等级、面积、房型、采光、厨卫大小、建筑质量、电梯数量和品牌、外立面造型、物业内外部装修、得房率以及物业所处外部环境、绿化、人文、交通、商业服务设施、基础设施、居住人气、小区容积率、区域规划等,都得加以适当的考虑。

但其中二手房评估中的四要素是关键:

区域地段

房屋所处小区的自身配置和周边设施

房屋的户型朝向以及成新度

房屋内部装修程度及其他

例如,一套房屋,朝向以南向为准,东向减5%－6%的系数,西向减10%;多层住宅楼层以3层至4层为准,底层减5%－6%,顶层减10%;新旧主要以建造年代为准,适当看保养程度,最多可减40%;房型的系数加减就更加复杂,两房一厅以厅12平方米为基准,同时还要考虑厅的利用价值(如过道厅和独立厅、明厅和暗厅之别);厨房、卫生间以4平方米为准,小于4平方米要减2%－5%,明间与暗间又有区别;同时,得房率的高低与加减系数也是密切相关的;房屋位置对房价的影响修正百分数一般为0至3%,小区环境对房价的影响,没有物业管理扣减5%;小区没有单独封闭,也减5%;属于重点中小学区域的房子要加15%;装修折旧一般要按5年制计算,折旧方法按第一年10%、第二年20%的递进方法计算。一般超过5年的装修,其价格可以忽略不计。

3. 评估的一般程序

按《房地产估价机构管理办法》的规定,房地产评估包括以下9个步骤:

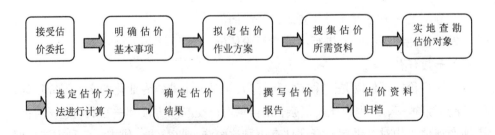

一般来说,在实际操作中,需要做到以下几步:

第一步,明确估价的基本事项,一般来说,估价的基本事项包括估价对象、估价目的、估价时点及评估前提四个方面。

第二步，拟定估价作业计划，包括初选估价方法或评估的技术路线、确定投入人员、制定评估作业日期及进度安排、评估作业所需经费预算。

第三步，实地勘察，包括：对象的位置及其周围环境，观察附近的建筑布局、绿化、卫生状况、地势高低、日照、通风及周围土地利用程度等，并进行实地拍照；使用情况及现状，特别提到应对建筑物进行内外拍照，并了解建筑面积、使用面积或可供出租和营业用的面积等；了解当地房地产市场的特征和情况。

第四步，收集分析相关资料，包括房地产价格的一般影响因素资料、区域市场资料、实例资料、评估对象的情况。

二、评估机构"遍地开花"

评估作为新兴行业，空间很大，利润很大，曾经在一时间"遍地开花"。一些不具备评估资质的评估机构和不具备评估资格的估价人私自进行评估业务，评估行业的秩序非常混乱。较为突出的问题是：市场垄断、压价竞争、高额回扣、高估低评、出具不实报告、擅自泄密、跨区评估等等。这此行为不仅损害消费者权益，扰乱了市场秩序，也极大地影响了评估行业的健康发展。

出现上述问题的原因在于尚未有一套公开、透明的程序，评估机构都是各找关系、各寻业务、来源混乱、私下交易。因此很容易出现市场垄断、压价、回扣等不正当竞争。一些如跨区评估，客户白花评估费，评估结果不予承认。

只有正式的评估机构出具的评估报告才具有法律效力。根据《房地产估价机构管理办法》的规定，国家实行房地产价格人员资格认证制度，也就是说，在房地产价格评估机构中承担具体评估的工作人员，必须获得国家的认证资格。

同时，按照规定，评估机构也需具有评估资质，方能进行房地产评估。房地产评估机构分为三级，由高到低依次为一、二、三级：

一级资质房地产估价机构可以从事各类房地产估价业务；

二级资质房地产估价机构可以从事除公司上市、企业清算以外的房地产估价业务；

三级资质房地产估价机构可以从事除公司上市、企业清算、司法鉴定以外的房地产估价业务。

暂定基期内的三级资质房地产估价机构可以从事公司上市、企业清算、司法鉴定、城镇房屋拆迁、在建工程抵押以外的房地产估价业务。

比如有些银行贷款通常只承认至少二级以上资质的评估公司的评估报告。目前各地市场上具备一级资质的评估公司并不多,具备二级资质的评估公司就比较多了。购房者切不可为了贪图一时便宜而"赔了夫人又折兵"。据某银行负责贷款的专业人士透露,一家没有资质的评估公司出具的评估报告不具备任何意义。

另外房地产估价业务应当由房地产估价机构统一接受委托,统一收取费用。房地产估价师不得以个人名义承揽估价业务,分支机构应当以设立该分支机构的房地产估价名义承担估价业务。

第二节 谨防评估陷阱

在激烈的市场竞争中,恶性价格竞争、高回扣、虚假评估、高收费低评估质量问题较为突出,甚至个别评估人员与经纪机构串通任意抬高或压低评估价格,以迎合客户贷款需要的不良行为时有发生,极大地损害了当事人的经济利益,同时也增大了二手房按揭贷款的风险。

一、评估费"浑水摸鱼"

——买的二手房都已经过完户了,中介突然要收取"代办费+评估费"一共900元,当我提出中介给正规发票再付钱的要求时,中介却没了声音,后来中介也没有再来讨过钱。

——中介原定收取千分之一的房屋评估费,但我想来想去,觉得有问题,于是在上网搜索了相关帖子以及咨询了银行的信贷员之后,态度相当强硬地表示不会支付这笔不合理的费用。在与中介的两三个来回之后,得到了中介的最终回复,只需要支付100元的"咨询费"。当我打电话向银行求证,是否存在这笔"咨询费"时,四大国有银行均表示,在购买二手房的过程中,只存在"房屋评估费",银行不收取任何"咨询费"。

——我在办理手续的整个过程,贷款公司收取了1100元评估费+400元手续费,同时在场的还有中介公司和银行工作人员,但贷款公司只给了一个收据,仔细看过之后,才发现底下的签名也只签了一个姓而已。事后,当我想要追讨回这笔钱,中介公司则表示,无法联络到贷款公司。

——"165万元的房子,评估费千分之一,多不多啊?""为什么我付了3000多元的评估费,哭啊!""上当了,银行居然说评估费其实可以免掉的。"

……

在一网站的"购房心得"论坛里,网友们纷纷抱怨,二手房评估费如同雾里看花，普通购房者根本看不懂，许多人在不明就里的情况下被宰了一刀。

由于评估行业的秩序混乱，如今各家银行挂钩的评估公司以及评估费标准也是五花八门，多家银行均存在不同程度的议价空间。

据上海的一位银行工作人员透露，银行所指定的房屋资产评估公司，是由上海分行经过审核的一张大名单。而各个网点则根据自己的实际情况，选取其中一部分为自己的合作伙伴。所以，同一家银行不同网点所指定的评估公司也是不同的，所涉及的费用也可能存在出入。

如招商银行一工作人员表示，评估费按房价的千分之一收取。但如果是招行的VIP用户，可以免除房屋评估费用；如果你的贷款少于6成，并且二手房龄不超过15年，同样也可以免除这笔费用；交通银行工作人员则表示，该银行每个月都有一定的免费名额，其实就是银行帮客户付了这笔费用。如果超出了免费的限额，客户则需要自行支付千分之一的评估费用；

而另一家国有大银行工作人员表示，其房屋评估费在千分之一到千分之三之间，且有一个最高限价。

如此混乱的评估费格局下，部分房产中介还在有意无意地将水搅浑，利用信息的不对称从中牟利。他们往往根据不同银行之间的不同收费标准，游走于零到千分之几的收费区间内。对于不同的消费者，中介公司往往采取从高往低的策略，其中花样百出，直到谈成生意为止。

目前市场上，70%的评估公司主要做二手房评估业务，评估公司和中介公司也就成了"鱼和水"的关系。虽然客户所缴纳的评估费应该直接交给评估公司，但据了解，购房者往往是被告之通过中介公司缴纳相应的评估费。中介公司除了收取客户的中介费，还能从评估公司那里拿到3%~5%的返点。

另外，一些房产中介还将评估费业务再外包给贷款公司。所以，消费者把钱是付给了贷款公司，中介则撇清了关系，以防承担后续的责任。但这些贷款公司不能提供真实有效的发票，消费者往往以为有中介公司、银行工作人员在场，就信以为真。就像上述的案例，当他想要追讨回这笔钱时，中介公司则表示无法联络到贷款公司。

二、评估价格可缩水

一天我遇上两名女子办理评估手续，其中一名年长的女子嘱咐评估人员，把房价估得低一点。最后那套房子的估价是36万余元，而那套房子的市场价要超过50万元。

在我与年长的女子攀谈过程中得知，之所以把房价估得低一点，就是为了少交点税。如果事先与评估公司打过招呼，四五十万元的房子少估 5 万元绝对没问题。这名女子还补充说，像这种房价估低一般只适用于买卖双方比较信任的情况下，否则卖方是不肯的，怕买方付款时按合同价而非实际房价。

随后，我从评估公司工作人员口中了解到相似的情况。这名工作人员热情地介绍说，估价员对此地的房产非常熟悉，如果哪里有新楼盘一出现，他们肯定会先去实地查看。现在，只要客户提供房产证或复印件，他们很快就能根据房子的面积、朝向、地段、房龄等得出一个市场价。如果客户在估价时提出要把房价估得低一些或者高一些，他们会考虑客户的需求。但是估价不能过低，否则送审时会引起怀疑，到最后还得重新估价。

1. 做低房价，"合理避税"

二手房评估的初衷是防止税收流失，避免有些购房者在房价上做手脚。而事实上，二手房评估时也可"讨价还价"。

上述所提到的做低房价，就是目前市场上很常见的避税方式。所谓做低房价，是指买卖双方在交易过程中签订"阴阳合同"，买卖合同中的房价比实际成交价低一些，另外再签订一份补充协议，将剩余部分以家具或者装修补偿款的形式，采用现金方式支付给卖家。

例如根据上海市有关规定，单套建筑面积 140 平方米以下，内环线以内总价每套 245 万元、内环线和外环线之间每套 140 万元、外环线以外 98 万以下的房子可以享受普通住房优惠标准，缴纳房价 1.5% 的契税，而非普通住房契税为 3%。以上述 120 万的房子为例，本来需交 120 万 ×3%=36000 元，若做低房价到 97 万，仅需交 97 万 ×1.5%=14500 元，可以直接少交契税 21500 元。

实际上此种情形在实际交易过程中并不少见。某中介公司业内人士坦承，几乎每天都要处理此类问题，尤其是一些刚刚"越线"或者超过标准并不多的交易案例，因为普通和非普通住宅的纳税标准存在巨大的区别，所以买卖双方都会要求评估公司做低房价。

2. 捡了芝麻丢了西瓜

办理过户手续时，契税的征收并不一定会按照买卖双方的报价来收。二手房交易进行评估，如果评估价高于实际交易价格，就按照评估价来收；如果实际交易价格高的话，就按照实际交易价格来征收。也就是'就高不就低'的原则。同时，在房管局交易窗口的工作人员也会对交易价和评估价进行审查，如果低于相同地段、相同房型的最低价格，交易就会打回重新评估。

然而，要绕过评估这道"坎"也不是什么难事。业内人士称：中介机构一般都会有长期合作的评估事务所或者是评估公司，而这些公司也常常会按照中介机构的要求，评估出他们"满意"的价格。另外，评估公司现在都是市场化运作，竞争也很激烈。为了抢生意，很多评估公司都会按照要求给出相对的评估价格。业内人士透露，评估机构与中介为了多做生意，一般都会"联合"起来，实行办证"一条龙"服务。它们利用老百姓想省钱的心理，瞒报合同价格、评估价格来欺骗税收人员。

所谓的"合理避税"其实是恶意避税，这导致国家税收的大量流失。对买房人来说，这也有很大的风险。买房人应该按照规定缴税，不要为小利而出现大的损失，本想"合理避税"，但却容易"捡了芝麻，丢了西瓜"。

风险一：负担加重而违约

一般的"阴阳合同"规定，合同价以外的部分，都应以现金方式支付，这会加大买家的负担，由此可能造成违约并承担责任。

业内人士表示，购房者一般会根据手中的资金量，以及自己的工资收入来确定住宅的总价，但如果碰到做低房价的情形，虽然能节省一些税费，但被要求支付更多的现金时，往往会面临资金短缺的困境。如果解决不好，则有可能会导致交易中断，并承担违约责任。

有人认为，双方签订的是阴阳合同，可视作无效合同。但实际上并非如此，一旦发生纠纷，法院仍然会认为合同有效而要继续履行。因此买家因为无法付款而造成违约之后，肯定要承担违约责任。

风险二：再次出售税赋加重

可以肯定的是，做低房价会加重日后转让住宅时的税赋负担。

假设实际成交价为 180 万元的二手房"做低"为 135 万元成交，另外差额 45 万元以现金的形式付给卖家。买家可按照普通住宅的标准来纳税，契税税率为 1.5%，那么纳税金额为 20250 元（135 万元 ×1.5%），相比较实际纳税金额 54000 元（180 万元 ×3%）来说，的确节省了一半多。

买家看似是沾了不小的便宜，但这位买家有可能会付出更大的代价。如果这位买家日后要出售这套住宅，那么，他便要承担差额部分 45 万元的税费，仅二手房个税一项，负担的税费就可能要多付 90000 元（45 万元 ×20%），谁多谁少，一比便清清楚楚。有业内人士表示，现在已经加强了不动产交易信息的登记制度，也就是说，未来所有房屋都可查到交易记录，因此税费一旦从严征收，这些记录必将作为纳税依据。

温馨提示——做低房价，丢了西瓜捡了芝麻

对购房者来说，做低房价虽然能节省一些税费，但也承担了不少风险：

风险一：负担加重而违约

一般的"阴阳合同"规定，合同价以外的部分，都应以现金方式支付，这会加大买家的负担，由此可能造成违约并承担责任。

风险二：再次出售税赋加重

买家看似是沾了不小的便宜，但这位买家有可能会付出更大的代价。如果这位买家日后要出售这套住宅，那么，他便要承担差额部分的税费。仅二手房个税一项，负担的税费就可能要多付的金额＝差额部分×20%。

三、评估价格可做高

"我看好了一套120万元的房子，但银行只贷7成贷款，手头有点紧，能不能把房价做高一点？"记者以做高房价为由，进行暗访，多家房产评估的答复非常肯定。他们对于记者所说的房产情况并不在意，只在咨询了记者月收入后，答复"可以做到150万元"。

做高房价的目的通常是为了套取更多的贷款，甚至通过"阴阳合同"的方式做到零首付。那么，这种摆明了套取贷款的方式，很多银行却是睁一只眼闭一只眼。

一位中介表示，与他们合作的评估公司是银行认可的，按这位中介所说保证没有问题，比如120万元的房子，得付36万元首付款，如果评估到150万元，银行放贷7成，就有105万元，这样房子就只需付15万元首付了。

而在实际操作中，由于做高房价太离谱而被银行"发回重审"的例子也不在少数。一位上海购房者就称，今年3月底看中了一套1985年的老公房，成交价68.3万元。中介说房龄太老，很难贷到8成，提出做高房价到78万元，银行那里就能贷78%，也就是60万元；然而在付了首付款后，中介告诉他银行那里只能贷出56万元，比原计划少了4万元；最后就要进交易中心了，中介又告诉他银行那里只能放50万元的贷款，又少了6万元。

评估价格做高，虽然可以多骗贷款甚至零首付，但是买方由此承担的风险也是相当大的：一方面银行对房地产进行评估后认为实际价值并没有合同价高，购房者也可能无法贷到预期的成数，容易引发交易双方纠纷；另一方面会因为没能通过银行审批而不能及时付首付款，会承担合同违约的风险，给自己造成很大的被动；此外，做高房价有违银行房贷规定。二手房的房贷首付款是有比例要求的，目前大部分银行规定为3成，做高房价无疑属于"骗贷"，要承担相应的法律责任。

第三节 过户的注意事项

签订了购买二手房的合同，经由以下后续事宜，即可一步步地获得属于自己的房产：

接受房地产交易管理部门的审查；

立契过户，缴纳税费；

办理产权变更手续。

二手房买方凭房屋买卖契约到发证部门申领新的产权证后，交易的房屋转让行为方为有效。至此二手房的房屋买卖行为全部完成。但是在房屋产权转让的过程中，还需要买方注意的下面的一些事项。

一、过户之前需交接

在房产交易中因交房而产生的纠纷主要表现于水、电、煤气及其附属设施和房屋装修等方面。如果在买卖双方的《房地产买卖合同》中，对上述情形予以关注，那么在实际的房屋交接过程中，这样的矛盾会在很大程度上被避免。

查看下水管道；

检查墙体、天花的渗、漏、裂问题；查看电路及开关接口；

查看门窗密封及隔音效果；

注意水、电、煤气等过户问题及水、电、煤气、有线电视、宽带网等费用是否已结清；

是否已前往物业公司办理户名变更手续，结清业主与物业公司的各种费用；

房屋的维修基金、物业管理费押金收据是否已及时交接；

房屋内的各种设备发票、保修卡是否已交接；

房屋的装修合同与装修发票、保修卡是否已交接；

卖方及共同居住人的户口是否迁出。

二、及早过户，避免夜长梦多

沈阳李女士买了一处二手房，因该处房产未到5年（已满3年），卖主为免交营业税等，与她商量暂时不办过户手续，等满5年再办。

事实上，这样是有风险的。在二手房买卖中，即使房屋已经实际交付，但未办理登记过户手续，产权人未进行变更的，在法律上仍然认为卖方是房屋的产权人，买方仅对房屋享有债权。买卖后因没有及时过户，造成日后房屋更名过户纠纷（如卖方人死亡、一房两卖等）、房屋被法院查封等情况时有发生。如遇特殊情况房屋不能过户时，买方可要求卖方承担相应的违约责任，如返还房款、支付违约金、赔偿损失等，但不可预见的风险依然存在。

所在在这里提醒您，购买二手房时，不要轻信对方，一定要合法、彻底地办理过户手续。二手房必须经房屋土地管理部门办理完过户手续，才算真正换了主人，其他任何单位的保证和公证都不算完成交易。

三、房款与产权的"银货两讫"

在二手房交易的过程当中，从签订买卖合同，到房屋交易过户，一般需要一至三个月的时间，房屋交易不可能像一般普通商品一样实行"银货两讫"，无法做到"产权证与房款"的即时交割。如何安全进行房款与产权的交接？先交钱再过户还是先过户再交钱。这时候不要随便相信对方的信誉，可以考虑将房款押在一个双方都信得过的机构，如律师事务所或信誉较好的代理行，等过户完成后，再将房款转入卖方的账户。

1. 保证资金安全的两种模式

如何保障资金的安全成为避免中天置业类似事件的关键因素。业内人士认为，目前保障资金绝对安全的只有两种模式，即资金监管和银行资金托管，两种模式的具体情况如下：

（1）存量房（二手房）的资金监管模式

存量房（二手房）资金监管是"存量房交易结算资金专用存款账户"（以下简称"专用账户"）的通俗理解，其是指专门用于划转存量房交易过程中所涉及的交易结算资金的账户。"专用账户"与设立方（即经纪公司或担保公司，下同）自有的结算账户是分开的不同账户，"专用账户"内的资金独立于设立方的固有财产及其管理的其他财产，也不属于设立方的负债，资金的所有权属于交易当事人，设立方无权挪用"专用账户"下的资金。

（2）存量房（二手房）的资金银行托管模式

银行托管是指当前部分银行本身开展的二手房资金监管业务,在买卖合同签约完毕后,买卖双方自行到银行,通过开立买方账户或者卖方账户,买方按合同约定将首付款或者全款存入账户,银行对资金实现冻结;同时,银行根据买卖双方约定的条件以及买卖双方一起到银行,银行给予放款。

因此,专家认为,无论是实现银行监管还是银行托管,其有一个最大的共性都是没有通过经纪公司自身的账户进行资金的划转,从而避免了经纪公司违规操作的状况,保障了二手房交易资金的安全。

专家提醒购房者,在目前的二手房交易过程中,采取资金监管和资金托管这两种方式才是确保二手房交易资金安全的最佳模式,因为这两种模式都是通过银行的专用账户进行资金的冻结,在没有买卖双方约定授权的情况下,其他人员均动用不了资金;除此之外的其他房款交割模式,都会让资金划转存在一定的风险。

2. 资金监管和托管流程

(1) 资金监管模式流程

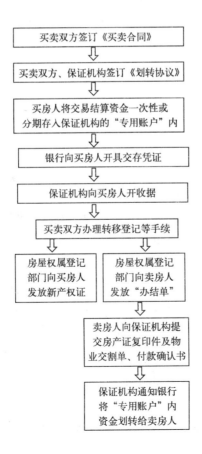

(2) 资金银行托管模式流程

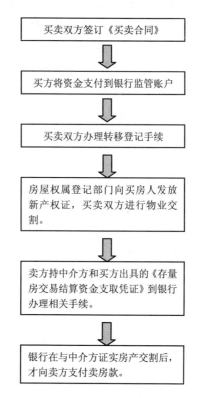

第四节　如何判断房产证的真伪

　　买二手房的人大概都知道在买房之前要先看看房产证，但恐怕没有几个人想到：这个证是不是真的呢？即使有所警惕，也不知应如何判断真伪。据说某市在三个月内就发现了 11 起利用假房产证进行交易的案件。因此，在目前二手房市场还未完全规范管理的情况下，在买二手房时，一定要格外注意房产证。

　　我国的产权登记始于解放初期，产权证由各地印制，格式内容并不统一，有建设部式样的，有改造建设部式样的，有自行印制的，有本式的，也有一张纸的；从颜色上来看，有红色的、褐色的、绿色的；从材质上看，封面上涂塑的，有纸质的；从印刷质量上看，有大厂精工印制的，也有街道小厂粗制滥造的，所用纸张质地更是差别甚大。

　　1998 年以前的产权证大多数没有任何防伪措施。发证机关极不规范，有的叫政府,有的叫房地产管理局,有的叫房管处、房管所,房管站,因此所用的印章也不规范,不统一。

目前居民手中所拥有的房屋产权证书基本有三种:房改房、普通商品房、经济适用房。

一、已购公房产权证

已购公房产权证根据购买时支付的价格不同,有以标准价购买和以成本价购买之分。以北京市海淀区为例,以成本价购买的房屋,其房产证编号为"海私成字第XXX号"。以标准价优惠购买的房屋,其房产证编号为"海私标字第XXX号"或"海私优字第XXX号",转让时需再补交土地出让金后方能和以成本价购买的房屋一样出售。

购买已购公房时还应查看房主与原产权单位签署的原购房协议,这是已购公房过户时必须提供的证件。买房人应查看的是产权证和原购房协议上的物业地址是否统一,房主名称是否一致,对于北京房产而言更重要的是看已购公房的原产权单位是否为中央直属单位,如为中央机关直属房产,除了要查验其原产权单位是否具备交易资格外,最好到央产房交易大厅查询档案是否已具备交易资格,只有在央产房交易办公室备案的央产单位的房子才可以上市。

由于已购公房的产权证多为1998年以前颁发,规格样式多样,很难从表面进行判断,必须仔细查辨房主的身份与产权证及原购房协议是否一致,由经纪公司代理的房产务必要求见到房主本人。

二、商品房产权证

商品房是1998年国家取消福利分房,实行住房分配货币化制度下的产物,而建设部正是在1998年统一制作的房屋产权证书,因此大多数商品房和经济适用房的产权证规格、样式统一,由建设部设计监制,中国人民银行北京印钞厂独家印制。

新证共分三种:即《房屋所有权证》、《房屋共有权证》、《房屋他项权证》。内页印有统一规范的填写项目。由于是统一监制、独家印制,这就有效地保证了权证的规范、标准、统一,增强了权证的权威性。权证印制质量上乘,封面为红色(他项权证为蓝色),印有金色国徽。材料为进口护照面料,内页为粉红色印钞纸,采用了护照和钞票印制工艺。且增加了防伪功能,如注册号、团花、水印等,规范了发证机关和用印。

由于新证是独家按照专门工艺和选用专门材料印制，它的质地和印制质量非一般可比。大体印制精良者为真，印制粗糙者为伪。这是从感官上区分。当然，最重要，最本质的辨别方法是把握新证的特点和防伪功能。主要有以下几个方面。

1. 建房注册号

由于新证是建设部监制，建设部对每个能够发证的市（县）发证机关进行了注册登记，并予以编号。那么在辨别时，要看它是否有编号，编号是否是建设部公告的全国统一编号。

2. 发证机关（盖章）

这里要注意两个方面：一是规范的发证机关是市（县）的房地产管理局（房产管理局或市（县）人民政府）。别的任何单位或部门都无权发证，他们发的权证都属于非法，无效的；二是所盖印章均系机器套印，印迹清晰，干净，均匀，手工盖印是不可比的。

3. 团花

在封面里页有由土红，翠绿二色细纹组成的五瓣叠加团花。线条流畅，纹理清晰。

4. 花边

首页，即发证机关盖章页有上下等宽，对称，左右等宽，对称的咖啡色花纹边框。花纹细腻，清晰。

5. 暗印，水印

所用纸张为印钞纸，浅粉底色，等线宋体"房屋所有权证"底纹暗印。将纸对着光亮处，则可见高层或多层水印房屋。

6. 编号

在封面三页，即"注意事项"页右下角有印钞厂的印刷流水编号。同一发证机关的权证号码是连续的。

7. 发证编号

即首页花边框内上端由发证机关编列的权证号码。此号码与发证机关的簿册，档案记载相一致。

三、经济适用房产权证

经济适用房较为特殊，根据其上市管理办法规定，已购买经济适用房满五年的可以按照市场价格出售，由出售人到房屋所在地区、县国土房管局按差额部分的 10% 缴纳综合地价款（即 [现成交价—原始成交价]*10%）。因此在购买二手经济适用房的时候，应查看产权证的下发日期或契税缴纳日期，以确定是否符合上市条件。产权证的真伪与商品房产权证的辨别方法一样。

按照上述权证的特点和防伪功能，进行综合审查考虑，你手中的房屋权属证书的真伪就不难识别了。如果您对还心存疑虑，可以持证到区（县）过户大厅，在这里，可以查询到原房主、档案文号、登记日期、成交价格等信息。

总之，要了解房屋产权的真实情况，购房者除了要向卖方索要一切产权文件，仔细阅读外，还要到房地产管理部门查询有关房产的产权记录，两相对照，才能清楚地知道该房的一切产权细节，不至于有所遗漏。

第五节　过户的关键步骤

二手房本身的优势在于价格低、质量可靠、风险小、选择灵活以及即买即住。但是二手房的交易流程却较为繁杂，大多数交易者对交易环节并不了解，造成了不少麻烦，出现了一些失误，甚至产生一些风险，因此摸清二手房的交易流程，方能做到有的放矢、有备无患。

一、所需材料要备齐

二手房交易流程中涉及的买卖双方需提供的相关材料（以北京为例）如下：

1. 卖方

产权人身份证（非北京户籍人士还应提供暂住证）；

户口本；

房屋所有权证；

原购房发票（复印件）、原购房合同；

共有产权人声明；

结婚证复印件；

产权人印章；

土地使用权证；

在与原产权单位购买合同中有特殊限制的已购公有住房、成本价购房、优惠价购房、央产房，以及经济适用房等房产，出售转让时还应提供相关的可排除限制的材料；

买卖合同。

2. 买方

买方本人身份证（非北京户籍人士还应提供暂住证）；

户口本；

本人印章；

买卖合同；

如需要贷款购房，还应提供贷款银行所需的相关手续。

注：外籍人士需提供护照、居留证、工作单位证明；港澳台人士需提供身份证、回乡证、外批单。

二、走对流程少走冤枉路

第一步，买方要对房子的产权进行调查。审定房屋产权的完整性、真实性、可靠性，要注意产权证上的业主姓名与售房者是否相符，有无抵押或共有人等。这对买家来说最为关键，否则有可能导致后面所做的一切都成了无用功。

第二步，签订二手房买卖合同。买卖双方商谈房价、付款方式、违约责任、交付时间，并立约下定金。买卖双方可以到房管部门相关网站上下载格式化合同文本，也可以去中介公司索要合同文本。

第三步，找评估公司做评估。这个过程一般来说要5—7个工作日。

第四步，贷款的房子要办理相关按揭业务。如果是公积金贷款和商业贷款组合的，则要向公积金中心和银行同时申请。

第五步，按揭办理下来后，要注意注销该物业的他项权证。

第六步，买卖双方共同向房地产交易管理部门提出申请，接受审查。买卖双方向房地产管理部门提出申请手续后，管理部门要查验有关证件，审查产权，拿受理单。

第七步，凭受理单向房地产交易管理部门缴纳手续费和相关税费，拿完税契证。

第八步，凭完税契证到房管部门办理房产证。

第九步，凭完税契证到土管部门办理土地证。

走完这些步骤，房产三证算是办齐了。整个过程大概需要一个半月到两个月的时间。

第七章　二手房物业交割

第一节　如何查清房屋质量隐患

——郑某委托某中介公司代其购买某处物业，与该中介签订了《定金支付及要约通知书》，同时向中介公司交付了2000元的购房定金。但是，郑某在再次看房后认为房屋光线不够，交通不方便，表示要终止交易，并要求中介公司返还所收定金。中介则表示，郑某单方面终止交易属违约，定金不予退还。

——大连一位女士投诉说，她家屋顶掉下一大块水泥，正好砸在孩子学习的椅子上，幸亏那天她心疼孩子，让孩子多看了一会儿电视，孩子才没有坐在那个座位上学习，否则水泥砸在孩子头上，后果不堪设想。

——在北京一处高档楼盘，业主在居住后才发现，有的墙角的角度竟然偏差到120度。中国消费者协会一位官员说，质量纠纷占房地产纠纷的第一位，而且常常是屡修不好。所以购房者无论通过自己的力量还是经由中介机构等的辅助，找到有意向的房源后，就需要对二手房进行考察了，其中现场察看房屋质量状况是二手房交易中的重要环节。

一、主要质量隐患

房屋是用来住人的，每天都要生活在里面，安全第一，舒适为佳。由于二手房的房源状况和使用情况比较复杂，使用时间一般也比较长，可能因年久失修存在质量问题，因此购买时一定要注意考察房屋的质量。一般来说，房屋质量隐患主要表现在以下方面：

门窗：门窗不正，油漆脱落，内门翘曲、门板开裂，门窗五金附件生锈、门锁脱簧；

卫生洁具：卫生洁具连接件滴、渗水，下水不通畅；

地面：地面空鼓、开裂、不平整，地面渗水；

面砖镶贴：排列不规则，接缝不均匀，釉面砖空鼓、缺棱、釉面开裂、翘曲、表面不平整；

铝合金窗：框扇相碰，关闭不严，密封条、毛刷条短缺，密封股封闭不严，向内渗水；

墙面抹灰：墙面起碱脱皮，龟裂，涂料遇水脱落；

电器照明：开关、插座安装倾斜，插座缺项或短路；

给水系统：水表空走，阀门关闭不严，阀门脱丝，连接件滴水，截止阀生锈影响水质，支架安装不牢；

排水系统：地漏、管道堵塞，便池不畅，室外排污管不通畅等。

二、专家建议

质量隐患有很多，但买主在具体察看房屋状况时，应着重从下面6个方面考察，因为这些才是房屋真正令人头疼的质量问题。

1. 房屋结构问题

房主以前装修时，对房间的结构、设施设备进行了一些改造，卖房时，还把它作为抬高价格的筹码。如底层的住户把院子改为一间房，殊不知，这些改造是当地房管部门不准许的；有的房主把主卧与阳台之间的窗户、窗下的坎墙都拆除了，取而代之的是一个摆放工艺品的陈列柜。房主这么一改，阳台的承重能力就降低了，大大增加了房屋的危险系数。

所以买方在实地察看时首先了解房屋有无破坏结构的装修，有无私搭、改建造成主体结构损坏房屋的承重结构。另外暖气、燃气、上下水、供电设施是禁止改造的，非承重的墙体的改造也要经过物业管理部门的同意，否则也会对房屋的安全造成隐患。

2. 房屋有无裂缝

首先仔细观察二手房屋的地面和顶上有无裂缝，如有裂缝，要看清是什么样的裂缝。一般来说，与房间横梁平行的裂缝，虽属质量问题，但基本不存在危险，修补后不会妨碍使用；若裂缝与墙角呈45度斜角或与横梁垂直，说明该房屋沉降严重，存在结构性质量问题。

其次，看房屋的外墙墙体是否有裂缝，若有裂缝也属于严重的质量问题。

再次，看承重墙是否有裂缝，若裂缝贯穿整个墙面且穿到背后，表示该房屋存在危险隐患。对这类存在严重隐患的房屋，购买者一定不能抱侥幸心理。

3. 房屋有无倾斜

虽然专业检测房屋的倾斜度需要专门的仪器，但用目测的方法从四周不同角度、远近距离仔细观测也能基本上发现问题。可在房顶上用细绳拴上一重物，贴墙放下至墙角,从四周检查其倾斜程度。

4. 房屋有无渗、漏、堵、泛

如果是顶楼,应仔细观察顶层是否有裂缝。同时,还要仔细观察墙角是否有发黄的痕迹和墙面石灰是否有较大面积的变色、起泡、脱皮、掉灰。如果有,这些都是渗漏的迹象,还应查看厨房、卫生间、阳台的顶部和管道接口是否有渗漏情况。

如果是底楼,注意考察房屋的地面渗水情况,仔细检查房屋墙脚是否有变色、起泡的痕迹。若有,表明该房地面严重潮湿。再观察地面水泥的颜色是否比层外地面的颜色重,有无阴冷的感觉,通风条件如何。也可用硬物敲击地面,检查其是否坚实。房屋顶层和卫生间管道出入口的渗漏以及底楼地面的潮湿是目前较为普遍的质量问题,虽不涉及安全,但十分麻烦,不可不查。

上下水管道和卫生洁具堵塞、屋面天沟积水、阳台和卫生间地面倒泛水以及阳台雨后积水,都很麻烦,可进行上下水道试水,阳台、卫生间排水试验等来检查。

5. 电器安装与管道走线问题

主要安装粗糙、缺件、凌乱、脏污、裂纹、透缝、松动、短(断)路、漏电、烧损等,这些问题将形成居住的安全隐患。另外,还要注意一下水、电、煤、暖的管道走向,走线是否合理。

6. 房屋布局是否合理

要注意房间的功能区分是否明确:如客厅门是否过多,客厅与卧室间的隔音效果,卫生间的坐落位置等;注意平面组合是否"水分"过多:检查房间使用空间时,角落、过道、走廊空间以少为宜,空间的采光面以多为宜,房间的进深以小为宜,房间的开间以大为宜,房间中的门以少而集中为宜;同时要房间的私密性和安全性也要有所考虑。虽然许多买家选购的二手房房龄较老,难以奢谈"户型",但户型布局也是买家在购房时要注意的房屋质量问题之一。

三、人人都可掌握的小技巧

技巧一:不看晴天看雨天

下过大雨后,无论业主先前对房屋进行过怎样的"装饰",都逃不过雨水的"侵袭",这时候房屋墙壁、墙角、天花板是否有裂痕,是否漏水、渗水等状况就能一览无遗。尤其要格外留意阳台、卫生间附近的地板,看看有没有潮湿发霉的现象。

技巧二:不看墙面看墙角

查看墙面是否平整或潮湿、龟裂，可以帮助购房者了解是否有渗水的情况。而墙角相对于墙面来说更为重要。墙角是承接上下左右结构力量的，如发生地震，墙角的承重力是关键，而墙角严重裂缝时，漏水的问题也会随时出现。

技巧三：不看装修看格局

购买房屋最好是看空房子。因为空房子没有装修遮挡，也没有家具、家电等物品的掩饰，可以清晰地看到整个房子的格局。如果客厅的门直接面对卧室，则私密性比较差。好格局的房子应该有效地把各种功能区分开来，如宴客功能、休息功能等。

技巧四：不看装潢看做工

好的装潢都会让人眼睛一亮，但高明的装潢却可以把龟裂的墙角、发霉、漏水等毛病一一遮掩。因此买房子的时候，购房者必须要注意房屋的做工，尤其是墙角、窗沿、天花板的收边工序是否细致，而这些地方往往容易被忽视。如果发生问题，对这些细小处进行修缮是件很麻烦的事，挑出这些小毛病，可以增加和房主讨价还价的筹码。一般来讲，装潢新但做工很粗糙的房子，很有可能是投资客买来的房源，其目的是低买高卖赚取差价，对这类房源要多加注意。

技巧五：不看白天看晚上

入夜看房能考察小区物业管理是否重视安全、有无定时巡逻，安全防范措施是否周全，有无摊贩等产生的噪声干扰等。这些情况在白天我们是无法看到的，只有在晚上才能得到最确切的信息。

第二节　水电物业费切勿掏冤枉钱

——陈先生购买了一套二手房，近日，他到天然气公司办理天然气过户手续。结果，经工作人员调阅资料发现，前任户主拖欠气费200余元，按照相关规定，气费不结清将无法过户。陈先生赶紧索取了相应的欠费凭证，找到原户主结清了气费，及时办理了过户手续。

——武昌某高校的刘小姐告诉记者，她今年购买了一套二手房不久，就接到一张151元的催费单。原来，该房"前任"是一租赁户，拖欠了近一年的燃气费，原房东并不知情，表示无法追缴欠款。最后，天然气公司多方追缴欠款无果，不得不对该户采取停气措施。刘小姐也多次联系前任租户，但是也一直无法要回气费，无奈之下，刘小姐只能补交前任租户欠缴的燃气费。

——市民李先生更冤，他买套二手房住进去没多久，就得给原房主交偷电罚款。据了解，近来供电部门已遇到了不少这样的情况。李先生买了套二手房后没多久，即被供电公司告知，该房电表曾被改装过，有窃电行为，要交巨额罚款，等他再找原房主，先是找不到人，后来好不容易找到，对方根本不予理睬，李先生只能是哑巴吃黄连，有苦说不出。

由于二手房市场交易火爆，近期，水电气等供应单位已经发现了很多未及时过户造成的纠纷。这些单位都提醒说，在二手房交易或者在租赁房屋过程中，一定不要忽视水电气等基础设施的过户或者交接，购买了二手房的用户，如果不及时过户，轻则可能要承担欠缴的费用或面临罚款，重则可能会被下表停供，需要重新报装。

一、合同条款——一个都不能少

在房产交易中因交房而产生的纠纷主要表现于水、电、煤气、物业费及其附属设施和房屋装修等方面。如果在买卖双方的《房地产买卖合同》中，对上述情形予以关注，如双方在合同中注明水电气表的最后读数，明确燃气管道等设施的归属，写明本房价已包含煤气设施费或该煤气设备无偿转让的证明文字，以及如何交接、交接期限、费用由谁承担等具体条款，那么在实际的房屋交接过程中，这样的矛盾会在很大程度上被避免。

1. 明晰水、电表状况

按电力公司规定，凡发现私自装拆电表箱、私自开启封印、擅自改变计量装置等行为均属违章行为，违者按违章用电处理。因此，在交房时建议买家亲自查验电表是否有移动改装的痕迹。在办理交房手续时除双方核对电表读数外，还须双方携带本人身份证件、房产证、私章等前往所在地电力营业厅办理水、电表过户更名手续，并结清该电表的所有欠费。

2. 办妥煤气过户

有些煤气公司规定，买卖双方必须凭《房屋买卖合同》办理煤气过户（其中须写明本房价已包含煤气设施费或该煤气设备无偿转让的证明文字），以及双方的身份证，卖家近期的煤气费账单，需双方亲自到燃气部门办理过户更名手续。更名手续费由买方承担。对于没有约定或约定不清的，燃气部门将拒绝办理。

3. 有线电视过户

有线电视实行一户一卡制，如遇卖方拖欠费用的情况，时间一长，有线站会作封端处理。因此在交房时买方可要求卖方提交交房当日上月的有线电视费收据凭证及有线电视初装凭证。下家凭上述两样资料和新的房地产权证，即可到房屋所在地的有线电视站办理过户手续。

4.物业要过户更名

一些高档小区的物业费每年上万甚至十几万,所以购房者一定查明原房主原来的交费情况,避免其恶意拖欠累及自己,所以要在购房合同中注明物业费问题。购房者在办完交接手续入住时,必须在小区物管处登记更名。由于很多社区为了便于交费,每家住户都办理了水电气费的交费卡,这时,通过转手获得物业的业主必须到物管处更换名字,过户到自己名下,方便以后缴纳各种费用。

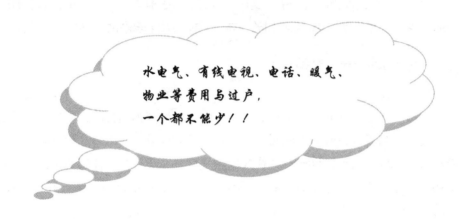

水电气、有线电视、电话、暖气、物业等费用与过户,一个都不能少!!

二、专家支招——正规中介正规交验

在二手房的买卖交易中,人们往往只注意到关于房屋的大方面问题,如:价格、结构、产权等,而对于物业以前的相关物业费用如水电费、物管费、停车费、电话费等是否结清的问题很容易忽略。像上述案例中买方的失误,在日后处理起来比较麻烦,有时还要自己花冤枉钱掏腰包,既浪费人力也造成不必要的损失。

专家特别强调,目前,大多数正规二手房交易公司针对物业交接这方面的问题,都有相当完善的程序,为购房者提供有力保障。有些小中介公司,有重交易轻服务的思想,在物业交接方面没有完备的措施,加之购房者的一时疏忽,很容易造成失误。为杜绝此类问题的发生,消费者在购买二手房时切记:

第一,要找正规的中介,注意其除在交易之外的后续物业交接等程序是否完善到位。并要在中介公司的督促下,与原房主算清一切水电气等物业费用。

第二,一定要有正规的物业交验过程,并且最好不要一次性支付全款给业主。可先支付部分房款,在双方完成物业交验,保证物业交验的费用结清及房屋的验收工作后再支付剩余房款。物业交验时,购房者和业主双方最好一起到房屋现场,并在交验当天一同填写《物业交验单》,确认签字无误后,购房者才向业主支付

购房尾款。

第三节　谨防购买后不能落户

2004年5月，林先生购买了一套老式售后公房，取得产权证之后，林先生按约支付了全部房款。数日后想要迁入户口才发现自己所购买的房屋中居然有其他人的户口，质问售房人才得知是售房人购买此房屋时上家所留下的户口，售房人也表示自己无能为力，也联系不到自己的上家。林先生找到房产所在地的派出所，派出所表示该户口没有迁入地不能办理迁出。至今为止，林先生的问题仍然未能得到解决，不禁懊悔自己没有在购房之前了解清楚这些问题。

一、户口是"金贵"资源

买卖二手房的时候，人们最关注的是房产证、土地证等，往往忽视了户口迁移问题。

在实践中，因户口引发的房屋买卖纠纷有逐年上升的趋势。其纠纷的主要表现形式为：买卖双方经过谈判后，卖方将房屋过户到了买方的名下，买方也向卖方付清了房款之后，买方在办理落户手续时发现，卖方的户口或出售方以前购房时的上家户口并未从交易的房屋中迁出，以致买方的户口无法迁入。更有甚者，有些卖方的共同居住人以其户口尚未迁出为名，主张其对争议房屋具有居住权，因此拒绝搬出。因此，购房者虽然名义上取得了房屋的产权，但户口"阴影"却挥之不去。

如果所购买的住房中卖方的户口无法迁移的，买方也同样无法迁入，而很多购房人是出卖原先的自住房后改善条件的，这样一来自己出售住房后户口也同样无法迁移，就形成了一个户口迁移问题的恶性循环。

在大城市人口不断增长的今天，户口与学位成为越来越"金贵"的资源，很多人花巨资购买房产，可能就是为了获得一个学位（学位是指学校的就读名额或招生人数，主要指户口在某个片区的小孩，肯定能进入附近某个好的小学或中学。因为就近入学，不是这个片区的学生每年就要交很贵的择校费，而且要通过入学考试）或者户口。如果碰到卖方共同居住人以户口为由拒绝搬出，则情况会更糟。买方花费巨资买来的房子只能看，不能住，无疑成了"镜中花，水中月"。

二、一户头上一户人

按照户口管理政策的相关规定，一户头上只能上一户人，在原产权人户口没迁走前，新房主的户口不能迁入，这自然会影响到以后孩子上学等一系列问题。购买"二手房"，必须在原房主户口全部迁出后，方能办理新产权人及其共同生活的直系亲属的入户手续。

在交房时卖方的户口没有及时迁出是发生纠纷最多的因素之一。由于户籍的迁入和迁出等均归公安机关管理，不属于法院的受理范围，因此法院对于此类案件是不予受理的。而公安机关在处理户口纠纷时，又受到户籍政策的限制。比如，卖给买方的房屋是卖方唯一的一套房屋，没有其他的房屋可供卖方迁入户口，则无论买方理由多么充分，公安机关都是无法将卖方户口强行迁出的。相应地买方的户口也就无法迁入。

为了避免因户口问题而引发的房产纠纷，买方做好下面的工作可避免纠纷：

第一，在购买二手房时应加强自我保护，签订好有关户口迁移的条款，不仅要明确约定原产权人户口迁出的时间（具体的迁出时间可以协商，一般都是两个月之内），还应明确不及时迁移的法律后果，如约定不能如期迁出时的惩罚措施。

第二，为了能够保证售房人履行合同或在售房违约时得到保障，合同中可写入以户籍迁移作为支付部分房款的条件。可待户口全部迁走，再支付全部房款。

第三，在交易之前到房屋所在地的户籍机关查阅卖方的户口是否已经迁出。如果卖方户口要在交房后才可迁出，则买方一定要与卖方就此问题约定清楚并做好书面确认。必要的时候，可以和原房主一起到当地派出所确认其户口是否全部迁走，然后再办理产权手续。

温馨提示——如何避免户口纠纷

签订合同时，明确户口迁出时间，明确不履约的法律后果以及惩罚措施。

合同中可写入以户籍迁移作为支付部分房款的条件，可待户口全部迁走，再支付全部房款。

交易前要到户籍机关查阅确认是否迁出，最好是在办理产权手续前确认户口全部迁走。

第四节 交易过程中注意保留证据

在二手房买卖中由于没有有效证据来证明自己的权益而引发的纠纷比较常见。比如一方认为另一方没有履行其曾做出的口头承诺，应当予以纠正或补偿自己的损失，但由于没有更进一步的书面证据或其他，法律上是对此种主张的是不予以支持的。

口头承诺也是承诺的一种形式，但只有双方都认可或有其它有效证据来证明的口头承诺，比如合法的录音或事后的书面承认等，才具有法律效力。由于口头承诺可变因素多，容易引发纠纷，法律上不支持没有证据证明的口头承诺，而书面形式更易得到支持。

所以购房者在购房过程中务必注意：如在某些方面与卖方或中介公司有口头约定，务必在签署合同中（协议）时将口头约定的事项逐一列明，例如，可以要求卖方或经纪人员将有关承诺加到合同（协议）的补充条款中。这样做，一旦纠纷产生，购房者就拥有了真凭实据，从而能据此保障自身合法权益免受侵害。

下面是一些常见的买方利益侵害，购房者在交易过程中一定要注意要求对方书面承诺，以保留证据维护自己的合法权益。

一、不能成功申请贷款

2004年8月，洪先生通过中介公司看中一套房子，总价156万元，但由于其本身已经有2套房子的抵押贷款，所以担心自己不能再贷到款。但中介公司承诺跟银行很熟，办出贷款绝对没有问题，于是洪先生就与上家签订了买卖合同，并开始办理贷款申请。

然而没想到的是，多家银行都没有批准贷款。为了付款，洪先生不得不将自己另一套房子匆忙出售。由于已经延期付款一个多月，他不仅向上家赔偿了将近20000元的违约金，而且所出售的房屋由于过于匆忙，也比市场价低了很多。但由于没有证据能够证明中介公司的承诺，所以无法向中介公司索赔。

从法律关系上来看，贷款合同与房屋买卖合同属于两个不同的法律关系。就上述案例中的洪先生，因未能获得贷款，但已签订买卖合同，基于合同付款方式的约定，洪先生就必须以其他方式支付房款并赔偿违约金。

因此在签订合同之前,购房者应当充分考虑自身的支付能力和银行信贷能力,如果中介公司承诺贷款的,应当要求其出具书面承诺或者作为付款担保人。或在签订合同时,在买卖合同中约定未能成功贷款时,就可以成为终止合同且不用承担违约责任条款。这样就能最大限度保护自己的权益。

二、家私电器要约定

王某欲购买放盘于某中介公司的一处物业,经两次实地查看该物业后,王某与中介公司签订了《房屋买卖委托代理协议书》和《买方承诺书》各一份,约定"中介公司如能成功促成交易,买方支付中介服务费4800元,并代卖方支付有关税费、中介服务费共计4000元"。之后,买卖双方口头约定:买方帮卖方支付中介服务费,卖方将该物业所附带的家私电器送给买方;如卖方未能将该物业所附带家私电器送给买方,卖方需将买方代其所交的中介服务费退还。合同签订当日,买方便分别向卖方和中介公司交付了首付楼款及中介服务费。

房屋买卖合同签订后不久,买方发现卖方不遵守其口头承诺,欲将部分家私电器(床、冰箱、电视机、空调、消毒柜等)搬走。买方认为卖方违背口头承诺、中介公司未履行职责阻止卖方行为进行投诉,要求中介公司退还其所承担的卖方中介服务费。中介公司拒绝退回所收买方替卖方所交中介服务费,并称搬走家私电器是卖方个人行为,与公司无关。

本案例中,由于买方无法对其所称的卖方口头承诺进行举证,而中介公司与买方签订的《买方承诺书》是具有法律效力的书面合同,因此中介公司可依法不退还买方替卖方缴纳的中介服务费。

而对于上述案例中户主承诺该物业所附带的家私电器送给买方,中介应协助买方把家具、电器清单一一写进合同,并写清该家具电器的型号、品牌、价格等,以免卖方或中介乘机把室内配置换包,以次充好或搬走全屋家私电器。因为在二手房买卖中碰到过很多这种情况,交房的时候家私电器突然空空如也什么都没有了。

所以买方在签合同的时候把具体的品牌家私电器都要列得很详细,三方签字确认,这样就会避免此种纠纷。

三、租客的放弃优先权证明

业主高先生欲售房,2007年1月3日询问租客彭小姐是否愿意购买,彭小姐迟迟未予答复,3月10日高先生以100万卖给曲小姐并办理完毕了全部过户交易手续。

此后房价飙升,租客彭小姐以高先生、曲小姐为共同被告提起优先购买权诉讼，要求确认买卖合同无效，一审法院认为高先生提前两个多月通知彭小姐已尽到告知义务，判决合同有效，驳回彭小姐诉求。二审法院认为高先生未提前三个月通知，侵犯了彭小姐的优先购买权，改判合同无效，支持彭小姐诉求。

二审判决后已时至2008年，房价下跌到100万以下，胜诉后彭小姐玩失踪不再要求购买，曲小姐又依据二审判决起诉高先生要求退房！买卖双方因为房子而心力交瘁、苦不堪言。

一审法院按合同法判决买卖合同有效，二审法院按最高院关于民法通则的解释判决无效！没办法，咱们国家的法律就是这样，一个问题几个规定，不要说老百姓，就是法律人员也被弄晕了，不过要是当初要求租客出具书面放弃优先权证明后再出售就不会发生这么多烦心事了。

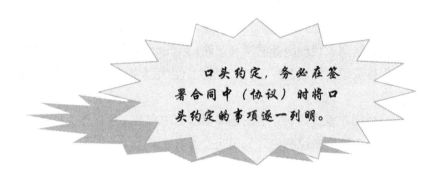

口头约定，务必在签署合同中（协议）时将口头约定的事项逐一列明。

对购房者来说，在购买二手房时，应注意保留商谈合同的书面证据，如签约会议记录，或让中介人员签署购房者前去商谈合同的确认书等。购房者在整个购房阶段都应当注意对证据的收集与保留。如果出现问题，购房者应及时主张自己的权益。如此一来，购房者就不会遇到因口说无凭而吃哑巴亏的情况了。

第八章 其他陷阱

第一节 中介公司吃差价

根据中国房地产估价师与房地产经纪人学会颁发的《房地产经纪职业规则》规定，差价是指通过房地产经纪促成的交易中，房屋出售人（出租人）得到的价格（租金）低于房屋承购人（承租人）支付的价格（租金）的部分。这部分差价没有被房屋出售人（出租人）得到，主要是由于某些房地产经纪人或房地产经纪机构利用其提供居间或代理服务的便利条件，以低价购进（租赁）、高价售出（转租）等方式伺机赚取差价，侵害了房屋出售人（出租人）和房屋承购人（承租人）的利益。

因为中介公司吃差价同时损害的是买卖双方的利益，所以本文所举案例从买房者和购房者双方角度来说明中介公司吃差价的危害。

一、明令禁止吃差价

2005 年 12 月，房主周某委托北京某房地产经纪有限公司代理出售名下的一套住房。周某希望卖 60 万元，多卖的钱归中介公司所有，抵作中介费。然而等中介找到了买家后，周某又不同意卖房。于是在 2006 年 4 月，中介公司以周某拒绝出售房屋为由诉至一审法院，要求与周某解除《售房委托合同》并要求其支付违约金 3 万元。

一审法院判决解除双方签订的《售房委托合同》，驳回其其他诉讼请求，经纪公司不服上诉至二中院。

2007 年 1 月，二中院经审理认为，房地产经纪公司在代理房屋买卖过程中，应协助买卖双方签订房屋买卖合同，按规定标准收取费用，不得非法赚取差价。根据这家中介公司自述，其赚取的中间差价高达 13.35 万余元，显然违反了国家关于房地产经纪行业的各项规定，其行为扰乱了房地产经纪行业的健康发展。据此，二中院判决中介公司与周某签订的《售房委托合同》无效，驳回了该公司要求追究周某违约责任的要求。

中介机构违规操作，本该收敛，但本案中的经纪公司却自认为有理去打官司，两次起诉周某两次均败诉。中介公司一开始与周某签合同时就是违反法律规定吃差价的无效合同，当然所诉主张法律是不予以支持的。

　　根据1996年1月8日建设部发布的《城市房地产中介服务管理规定》第二十一条：房地产中介服务人员在房地产中介活动中不得有下列行为：索取、收受委托合同以外的酬金或其他财物，或者利用工作之便，牟取其他不正当的利益；与一方当事人串通损害另一方当事人利益。

　　上述案例中的吃差价行为正是违反了上述规定。吃差价是不法中介一种常用的获取不正当利润的手法，是最让人深恶痛绝的非法行径。不仅使规范运行的品牌中介公司深受其害，而且也抹黑了整个行业的社会形象。

　　对房地产交易当事人来说，物业的成交价格最为重要，它与买卖双方的利益直接相关，因而必须是真实且唯一的。对卖方而言，得到的是买方真正的出价；而对买方而言，付出的是卖方真正的要价。买卖双方的付出与得到必然是同样一个数值。然而在实际的房地产交易过程中，却有一些房地产中介公司或从业人员凭借其是促进交易的居间代理这一特殊身份，以及充分了解买卖双方信息的优势，通过各种手段隐瞒卖方的真实要价或买方的真实出价，伺机赚取差额，牟取暴利。这样的行为就是"吃差价"，被房地产交易买卖双方所痛恨，也是政府行业管理部门明令禁止，大力打击的不法房地产中介行为之一。

二、"吃差价"防不胜防

　　吃差价的行为违反了房地产中介服务机构及从业人员应该恪守的职业道德，扰乱了市场秩序，损害了广大房地产中介机构的社会行象。但因为暴利的诱惑和存在侥幸心理，市场上总有一些不法房地产中介机构和人员想尽一切办法来谋取"差价"，令很多房地产交易当事人防不胜防，屡屡上当，蒙受损失。总的来说，吃差价的常用手段有：不让买卖双方见面；串通交易一方当事人（如卖方）或他人保底销售，超价分成；现金收购；接受全权委托（全包价）；介入交易直接倒手转卖；编造借口、谎言、诱骗交易一方当事人等等。

　　下面是中介或中介人员常见的几种吃差价手法：

1. 不让买卖双方见面

　　2003年11月，市民王某通过××房地产中介公司购买了佳园东里的一套房产。看房时，该中介工作人员郝某介绍说房子是她们经理的一个朋友的，标价18万元，包过户。王某提出想和房主谈谈，但郝某以房主出差等理由推脱，让王某一直没有见到房主。

2003年12月30日，房产过户时，王某发现过户走的不是正常程序，是通过开发商地下操作办的。也就在当天，王某见到了房主，一问才知道房主只收了15.5万元的房款，而此时王某的房款已交了17.5万元。王某因此拒交剩下的5000元，但中介称不交钱就不给过户手续。

2. 现金收购

张先生是一家私企老板，由于资金周转有困难。想把自己在和平区的一套两居的房屋卖掉以缓解生意上资金的压力。张先生与中介协商卖价30万元。

中介公司看出张先生十分着急，想急于出手。于是提出由中介先预付现金并将其收房，待签订委托卖房包销协议，把房产证交给中介后，就可先得预支40%的房屋订金款。而剩余房款承诺待两个月后卖出后再另行支付。张先生同意与中介签订了委托卖房包销协议，把房产证交给中介，并拿到了中介开始所承诺的40%的订金款，即12万元。两个月之后张先生也拿到了剩余款项18万元。

过了两个星期，张先生与朋友在饭馆吃饭，谈其此事。朋友听完迅速反问，他所卖的那套房屋是不是在和平某某小区某某栋楼某某室，张先生特别吃惊的问你怎么知道？他的朋友告诉他说，自己的亲戚在一个月前通过中介买的这套房屋，花了40万元。张先生这才恍然大悟，原来被中介骗了，黑了那么多钱。可是已经晚矣，只好哑巴吃黄连，有苦自己咽。

3. 中介人员冒充购房者

2007年7月初，杨先生将位于福田区的一处房产同时委托给多家地产中介公司出售，预售价265万元。7月8日，杨先生接到某房地产经纪有限公司分行置业顾问张小姐的电话，张小姐告诉杨先生，客户韦某看中了他的房子，愿意出价260万元购买房子，并已支付5000元押金。

7月10日，杨先生与韦某协商后，以263万元成交，并签订《房地产买卖及居间服务合同》，首期款为20万元。签订合同时，韦某称暂时拿不出首期款，过几天在付款，先向中介公司交付10万元定金。

7月29日，杨先生在上网时无意发现，自己刚卖的房子正在网上销售，卖房者正是买自己房的韦某，只是售价成了270万元。与对方联系，对方称自己是该地产公司的置业顾问。

为此，杨先生多次向该公司投诉，该公司一位负责人表示，韦小姐现已离职，如果杨先生对此次交易有任何疑问，可以通过法律途径解决。而韦小姐却称，此事与她个人无关,请杨先生找公司协商解决。

4. 全权委托

张小姐打算将一套物业出售,开价为 52 万元,经中介公司几番努力后,张小姐愿意以 48 万(实收价)出售该物业,中介建议说:双方可到公证处作公证,由中介公司代理张小姐全权办理出售手续,这样,张小姐就不用花时间陪着买家在房地产局跑来跑去,省时省力。而张小姐也因工作忙,公司请假制度又很严,于是觉得中介公司这样的服务还挺不错的,便答应作公证。

但是该中介没有料到的是:他们所找的买家居然是张小姐的网友周某,两人一沟通都吓一跳:原来中介以 52 万的净得价将该房子卖给周某,而且中介还给张某算了一笔过户当天要交的税费,请她准备好,加上给中介公司的代理费总计两万左右,这样算来,即使除去给国家交的合理税费 8000 元以外,剩下的也要被中介公司装进腰包了,也就是说,中介公司的暗差为 4 万元,又另收 2.5% 中介服务费 13000,加起来共吃进了 53000 元。

5. 将业主拉上贼船

以差价分成的利益诱惑将业主拉到一条战线上,共同欺骗下家是中介公司减小差价操作的风险的一种手段。其方法是先探明房主的最低底线,签好委托协议。最后再亮底牌,提议五五分成。

温馨提示——中介吃差价手法
◆ 不让买卖双方见面
◆ 现金收购
◆ 中介人员冒充购房者
◆ 全权委托
◆ 将业主拉上贼船
……
买方、卖方、中介三方当事人坐下来签署房屋买卖合同,"三方合约"可制胜。

例如卖方以30万的价格委托中介销售一套房屋,最终中介以34万全包价将此房销售出去,中介会扣除的各种税费、广告推广费、代理费等成本为17661元,中介获得的利润为340000-300000-17661=22339元,那么房主最后获得的房款为:300000+22339/2 = 311169.5。尽管在这个所谓的费用中,无论是计算方法还是巧立名目的广告推广费用,都不过是为了减少差价总数,好让业主少分一点,但是,谈判至此的业主因为已亮了底价,一听说还有可能卖高,自然很开心,一般会乐意配合,更不会去计较这些。

三、"三方合约"一招制胜

不法中介机构和人员为达到目的,总是对卖方拟售物业吹毛求疵,多伪装成专业房地产评估人员对物业进行低价评估,尽量降低卖方对物业售价的预期。而对于买方,他们又总是哄抬市场行情,隐瞒拟交易物业的缺点,制造供不应求的虚假市场紧张气氛,迫使买方以高的价格购买物业。

其实破解上述所有的差价案例,一招制胜,那就是坚决与真正的房东签三方合约:即买方、卖方、中介三方当事人坐下来签署居间及买卖合同,"三方合约"可在一定程度上避免吃差价的现象。

在实际操作中,房屋交易中要做到以下几点:

第一,作为买方,在签订正式《房屋买卖合同》前,应核实拟交易物业的房地产权证、卖方身份证、户口簿等资料并到房管部门查询该物业的产权状态。主动与卖方当面沟通并确认拟交易物业的实际情况。

第二,在签署正式合同时,都应要求买卖双方及中介公司三方同时到场签约,并认真谨慎地审查合同上所有条款的内容,尤其是一些涉及房屋出售价格、费用分担、房款支付方式和时间以及房屋交付使用日期、违约责任等方面的条款。

第三,相关的合同、票据原件都应妥善保管。一旦发生纠纷,应及时凭借所掌握证据向有关部门或法院主张权利。

第四,应谨慎对待与中介公司签订诸如"委托某中介公司将物业过户给某某(委托某中介公司购买某物业)"的书面约定,这样可能为不法中介公司吃差价留下隐患。

第二节　识破假房主

随着二手房交易热度的上升,成交量大幅提高的同时种种假房主现象开始重新涌现,从各经纪公司实际交易来看,均不同数量地存在着买卖交易假房主现象。

一、假房主的行骗手段

1. 承租人冒充房主

29岁的柳女士看中了一家房产中介公司挂牌出售的一套房子,信息显示位于城郊接合处的该房屋面积95平方米,出售价格97万元。而中介公司工作人员也承诺如果她诚意买的话,可以动员房主以95万元的价格卖给她。

听说还可以再降2万元,柳女士心里就更高兴了。害怕其他人捷足先登,第二天,她便迫不及待约中介公司去看了房子。房子是没有装修的毛坯房,但小区的环境和绿化还不错。

为怕房子被其他人抢走,柳女士当场支付了1000元定金,并明确向中介公司表示要买这套房屋。在付完定金后她和中介公司约定:(2006年)9月27日和房主碰面,再付49000元定金,并和房主协商签订房屋买卖合同。看到柳女士要急着买下房子,中介公司说房主还有一个特别的要求:"房主和房产中介签了一个授权书,中介收取定金,但买家一定要付房价的60%。前面也有好多人看了,但只能付房价的30%,所以房主不卖。"如此一来,柳女士就要付给房主50万元的首付款。

房主为什么要收这么多的钱呢?柳女士也感到奇怪,但中介公司的说法是房主欠银行贷款,这些钱是去还银行贷款的。后来,在中介公司的牵线下,她和房主胡××碰了面。柳女士和中介公司的人都没有想到,坐在大家面前的这个房主其实是个假房主。他设置好了圈套,正等着柳女士往里钻。等她支付过50万元的首付款后,这个假房主玩起了失踪,再也找不到人。

后经公安机关侦查,2006年8月,一个自称叫王海的人通过某中介向真正的房屋产权人胡××承租了一套房屋,并当场支付了3个月的租金。在租房子时,王海曾经要求胡××提供房产证称要查看相应信息。两天后,王海携带着该房的假房产证、假身份证和户口簿前往柳女士所买房的中介公司,自称"胡××",要求挂牌。

中介人员也曾在买卖合同签订前到房产交易中心进行过产权调查,确认该房的产权人为"胡××"。但万万没有想到,那张房产证是假的。

虽然警方立案调查了,可是,茫茫人海中,到什么地方去找骗子呢?

对上述假房主交易陷阱,是骗子从真房主处租得一套房产,随后利用留存的真房主身份证及房产证复印件,冒充房方将房子转租甚至出售,最后携款潜逃,最后给购房者带来很大的经济损失。

假房主常用骗术：承租人利用假证件冒充房主。

对于以上假房主行骗过程，实际上是骗子经常所用的伎俩。购房者大都因为贪图便宜，挡不住低价的诱惑。在买房的过程中，一定要注意，一旦房主打出明显低于周边房价的，多半是另有目的，一定不要以为真会有天下掉馅饼的事情，以免贪小失大。一般对于上低价诱骗当的买家来说，对方则会想办法让买家多付定金及首付款，以获取更多的黑钱，这也是买家在支付购房款时需提防的一个问题。

2. 亲属冒充房主

去年年底，张女士贷款购买了一套石景山区的二手房，房主是刘女士，卖房的是他儿子崔某。张女士本来很放心，因为崔某不但拿着房屋的产权证，带着房屋的产权人刘女士，更有在公证处经过公证的委托书，委托书上明确写着该套房屋的产权人刘女士委托自己的儿子崔某以其名义办理房屋的出售、签订买卖合同、房屋产权过户、缴纳相关税费、协助买房人贷款以及代收房款等一切手续。

看到有公证书，张女士于是和崔某找到一家房地产咨询公司，签订了房屋买卖合同，向银行贷款 25 万元，且将这笔钱全部交给了崔某。

但让张女士没想到的是，房屋过户时，她见到了真正的"刘女士"。这位刘女士不仅自己没见过，且和公证书上刘女士身份证上的照片不一样。张女士一下傻了眼。后来张女士才知道，崔某因吸毒，一直到处借钱、偷钱不说，这次还惦记上了自己母亲唯一的房子。为了能卖掉母亲的房子，骗取卖房款，崔某用岳母的照片办了一张假的"母亲"身份证，并带着岳母到公证处办理了委托书。

随后，崔某偷出了母亲刘女士房屋的产权证，找到张女士，用其办理的公证书以委托卖房为借口，骗取了张女士用来买房的银行贷款。

对于骗子的骗术，购房人往往防不胜防、苦不堪言。

二、证件要一一核对

专家提醒购房者，在购房前一定要看清并验证对方的证件后再付款，应该仔细查验房主的房产证或相应证明文件，证实房东的真实身份。若是没有专业的判断水平，可请懂行的人给予参考，买房不是小事，千万不要不懂装明白，丢了钱可是后悔莫及的。

让购房者上当受骗的一个很大原因是"房主"提供了伪造的身份和房屋证明。而这些低成本制作的假证，找出纰漏并不难。即便不从证件上识别，购房者也有其他办法判断该房主的真伪：

1. 身份证号码可网上查询。将身份证的证件号码，通过网络查询，确认该号码、姓名、照片等要和房主本人一致。

2. 房产证上有条形码，房产证号可查询。如果实在无法辨别，可到市房管局网站上查询相关房产证号，或者到房屋所在地的房地产交易中心去查询。

3. 如果出售的房屋不是出售人自己的，则应要求他出示房产证、身份证、经过公证的房屋产权委托书，都要一一核对。经过公证的房屋产权委托书也不能轻信，可直接到公证处鉴别公证书的真伪，以减小上当的概率。

4. 最好要与产权人直接联系，以便确认房屋的真实产权情况。向邻居、居委会或物业部门了解房屋的产权状况。

第三节 识破不实房源

和其他市场一样，房地产中介市场的交易行为同样要遵循和受制于相关法律、法规的规定。一般而言，这些法律、法规对房地产中介交易市场的交易主体、资格、程序等方面都做了明确的规定，并以此来规范房地产交易市场行为，指导和促进房地产交易市场的健康发展。

但在实际的房地产中介交易过程中，违反有关法律法规的行为仍然存在。如一些中介和卖方隐瞒房屋权属实情，将法律禁止转让的房地产进行出售（如房屋无房地产权证、房屋设定了抵押权、产权不清等），致使交易不成功，损害了买方当事人的利益。

一、不实房源陷阱

1. 无产权证物业

林某欲购买某中介公司的一处物业，在实地查看该物业时，该中介公司经纪人员口头向其保证该物业肯定有房地产权证。在没有见到该物业房地产权证的情况下，刘某与中介公司签署了《买卖要约通知书》，并向该中介公司支付了1万元的购房诚意金。

后来，林某向卖方了解到该物业已有多年楼龄，只有预售契约，没有房地产权证，这与中介公司经纪人员之前向他所作保证不符。因而林某认为中介公司这种行为违背了诚信原则，要终止交易并让中介公司退还所收的1万元购房诚意金。

但中介公司认为，虽然物业没有房地产权证，但是卖方持有该物业的预售契约，在市场上进行交易是法律许可的（本案发生在建设部规定的"禁止商品房预购人将购买的未竣工的预售商品房再行转让"的规定实施之前），另外已签订的《买卖要约通知书》也是当事人真实意愿的表达，买方应依法履行合同，所以中介不同意退还诚意金。

房产证是房屋产权登记机关颁发给权利人的法定凭证，也是权利人依法拥有房屋合法权利并对房屋行使占有、使用、收益和处分的唯一合法凭证。房产证对于保障房屋权利人的合法权益、维护房地产市场秩序等，都起着十分重要的作用。根据《城市房地产管理法》规定：没有取得房地产权证的二手房是不能上市交易的。当然，买房前先来审查房子的产权证是第一步，是避免上述案例所出现纠纷的关键。

2. 不具备上市条件的经济适用房

谭某在经纪人周某的介绍下，看中了放盘于某中介公司的一处物业。谭某与卖方以及中介公司签署了《房屋买卖合同》，并根据合同约定，谭某向卖方和中介公司分别交付了购房定金和中介服务费。

时隔不久，谭某了解到拟成交物业属经济适用房，房龄还未满五年，根据有关规定，此类物业不能办理产权过户手续。谭某认为，在签订《房屋买卖合同》前，中介公司经纪人周某承诺该物业产权没有问题，隐瞒了该物业是经济适用房、房龄未满5年，不能依法办理过户手续这一事实。于是，谭某终止了交易，要求中介公司退还其所交中介服务费并向卖方追回购房定金。但中介公司的周某不同意退还，谭某遂将中介公司和经纪人周某一并告上法庭。

经济适用住房是指已经列入国家计划，由城市政府组织房地产开发企业或者集资建房单位建造，以微利价向城镇中低收入家庭出售的住房。它是具有社会保障性质的商品住宅。按规定，经济适用房必须是取得房屋产权证之后满五年方可按市场价格上市出售。中介人员将不具备上市交易条件的物业介绍给买方，双方所签署的合同是无效的。所以购房者在购买经济适用房时一定要审查此类物业是否具备上市交易条件。

3. 查封房

前不久，刘小姐看中了宣武区牛街一套价格适中的二手房，通过"手拉手"

交易方式，刘小姐直接与卖房人达成了购房意向，并很快支付了 2 万元定金。支付定金前，行事谨慎的刘小姐特意检查了该套房屋的房产证原件，并仔细核对了卖房人的身份证。看到两者均无问题，刘小姐这才定了心。然而，在这套房屋的交易过程中，想不到的事还是发生了，房地产交易中心告知刘小姐，因这套房屋已于 1 年前被法院查封，故该物业不能办理交易手续。

"这一情况并没有反映在房地产上，到底是怎么回事？"又急又气的刘小姐连忙给卖房的业主打电话，但他的手机却已停机。因无法提供合法证明，刘小姐在短时间内无法取得该套房屋的所有权，将来她想要取得该所有权也还需经过复杂、繁琐的程序。最终，刘小姐只好自认倒霉，交付的 2 万元定金也就此泡汤。

虽然房产证很重要，但在房屋买卖过程中，买房人也不能仅仅以房产证来判断房屋的所有情况。虽然我国有关法律规定，房地产权证书、登记证明与房地产登记册的记载应当保持一致。但在目前的二手房交易过程中，所售房屋实际情况与产权证上注明的不符的现象仍时有发生：诸如房屋已被法院查封，房屋已列入拆迁范围，部分房改房可能存在不具备上市交易条件等等问题，都可能未在房产证上如实地反映出来。因此，个人在购买二手房过程中，若是没有第三方担保，还是应到房屋管理部门查阅欲购买物业的真实产权状况。

4. 拆迁房

不久前，杨先生购买了一处老城区的二手住宅，售价为同区新楼盘的一半。他一次性付清购房款后就入住了，过户手续仍在办理中。不料，在他入住第三日，就得知该房屋半年前已列入拆迁范围内。最近，房地产开发公司要求签订拆迁协议，并通知最迟今年年底就要拆除房屋，他随即电话联系原房主汪先生，但此时的手机已成空号。当他拿出与汪先生的购房协议要求补偿时，却因为房地产显示业主仍是原业主汪先生，因此开发商不同意与他签订拆迁协议。

一些城市因旧城改造及城市建设等原因，拆迁力度非常大，被拆迁的房子未必都是旧房子，有些虽年代很新，但因客观原因必须拆除的情况并不少见。一些不法分子，就是利用此类拆迁房迷惑买家，在获得拆迁款后，又将房屋以出售名义骗取买家的定金或首付款。

《城市房屋拆迁管理条例》规定：房屋拆迁公告发布后，被拆迁人改建或装修房屋及附属物、改变房屋用途、变更租赁关系和转移房屋产权的，不作为拆迁补偿、安置的依据。依据我国有关法律、法规的规定，属拆迁范围内由于在汪先生与杨先生达成购房协议之前，该房屋已列入拆迁的范围内，故此案例中的杨先生购买汪先生的房屋，双方的购房协议因违反法律法规的强制性规定而无效。购房者要知道，一两年内会被拆迁的房子，一般在各区的房地产交易部门能够查到，而已列入拆迁公告的房屋，房地产交易管理部门将不予办理过户。

5. 抵押房

某小区业主梁先生看到对门的同期房子被贴了限期搬走的告示之后，晚上就再也睡不着觉了：自己的房子也是付了一期20万元后才发现是已经出售过的二手房，也就意味着自己根本就不是房子的主人，如果下个告示贴到自家门前，自己所付的20万元就全完了。

梁先生是2001年10月1日买的房，当时向房产商讨了第一期购房款20万元，然而，原本应在一月内就给的预售合同，梁先生等了三个月还是没有拿到。凑巧的是，一年后梁先生居然在垃圾桶里看到了自己房子的预售合同复印件。当他拿着复印件去房管局查询时，发现自己的房子早已抵押给了银行

房屋抵押是指抵押人以其合法的房屋以不转移占有的方式提供债务履行担保的行为。债务人不履行债务时，抵押权人有权依法以抵押的房屋拍卖所得的价款优先受偿。这意味着，如果你不小心买到"家世不清白"的房子，又没有依法还房子"清白"的话，第一受偿人不是你而是银行。

目前，房产抵押贷款的比较多，房屋所有人向银行申请贷款时，将房屋作为抵押，形成了债权债务关系。这时房屋的权属发生了变化，抵押人对原有的房屋只拥有占有权、使用权和收益权，但已没有了处分权。如果此时购买了这样产权不完整的房屋，势必会给买房人带来不同程度的损失和麻烦。

6. 共有物业

某业主瞒着妻子在一中介公司挂牌售房，并交给中介一份"家庭协议书"，说明其"经与妻子协商一致,同意将该房屋出售,并委托中介全权代理有关手续"。他还伪造了妻子的签名，私自盖上了她的印章。

不久，在中介的推广下，为此房屋找到了买家，并签订了房屋买卖合同。就在过户的前天，中介公司突然闯进来一位40岁上下的妇女，声称是中介伙同她丈夫私自出售他们的共有房产。原来两人已分居一年多了，为了女儿上学方便，她带着女儿在女儿的小学附近租了套房子来住，谁知，丈夫却因为婚外情欲将房屋私自出售，为情人购买另一处公寓。中介将盖有她名章的《同住人同意出售证明》拿出来给她看才发现签名是伪造的。中介连忙找来双方当事人协商撤单，但买方不同意，因为中介的审核不严，中介不得已支付五千元的违约金。

房屋权属是否存有争议，其房屋产权是否为夫妻（或其他联名方式）共有，出卖人是否经过共有权人有效授权和同意出售非常关键，无论是中介接受业主委托还是个人进行交易，都应注意共有人问题，共有人同意出售证明，应由其亲自签字方才生效，在整个房产交易中，若是见不到业主配偶（共有人），购房人更是要小心求证，可在合同中约定责任。

二、查阅房地产登记册

房地产登记机构应当依照当事人申请或者依照职权，对土地使用权、房屋所有权、房地产他项权利和其他依法应当登记的房地产权利，以及与此相关的事项进行记载、公示。

房地产权证书、登记证明与房地产登记册的记载，应当保持一致。房地产权证书、登记证明与房地产登记册的记载不一致的，以房地产登记册为准。由此可见，房地产登记册中，某一特定房地产的坐落，房地产权利人姓名或者名称，房屋的土地的面积，土地使用权取得的方式、期限和用途，房地产抵押权、典当权、租赁权等其他权利的设定范围、设定日期、存续期限以及抵押权所担保债权的范围，房地产权利的限制等资料，均有着完整、真实的记载，通过房地产登记册，购房人完全可以了解到有关房屋的真实状况。

温馨提示——如何识破不实房源

房产证很重要，但在房屋买卖过程中，买房人也不能仅仅以房产证来判断房屋的所有情况。

在目前的二手房交易过程中，所售房屋实际情况与产权证上注明的不符的现象仍时有发生：诸如房屋已被法院查封，房屋已列入拆迁范围，部分房改房可能存在不具备上市交易条件等等问题，都可能未在房产证上如实地反映出来。

因此，个人在购买二手房过程中，若是没有第三方担保，还是应到房屋管理部门查阅房地产登记册查明真实的房屋产权状况。

依照有关法律法规的规定，房地产登记册是可以公开查阅、抄录和复印；申请登记文件可以供有关当事人查阅、抄录和复印。实践中，有关房地产的登记资料则可通过产权调查的方式，在房屋所在区县的房地产交易中心调取和查阅。单位或者个人查阅登记册，应当向登记机构，也就是房地产交易中心填写查阅申请表，明确房地产的坐落和需要查阅的登记事项，并递交查阅人的身份证件，至于具体的查阅方式，也有明确规定：登记资料的查阅人可以自行抄录登记信息，也可以委托登记机构复制有关的登记资料。对复制的登记资料，登记机构应当加盖印鉴；对无原始凭证或者登记册中无信息记载的，登记机构应当出具无登记记录的书面证明。

专家提醒您，在二级市场购房，还是得多花点工夫。对自己已经看中的房屋，最好在签订合同和进行交易前，到有关房地产交易中心进行产权调查，以便及时、准确地掌握有关房屋的真实状况，真正做到心中有数。

第九章　二手房交易相关范本及程序

第一节　交易合同范本

一、房屋承购委托协议

房屋承购委托协议

委托人：_____

（系房屋承购人）

【本人】【法定代表人】姓名：_____ 国籍：_____

【身份证号】【护照号】【营业执照注册号】【　　】_____

住所：_____

邮政编码：_____ 联系电话：_____

受托人：_____

（系房地产经纪机构）

法定代表人：_____

营业执照注册号：_____

房地产管理部门备案号：_____

住所：_____

邮政编码：_____ 联系电话：_____

根据《中华人民共和国合同法》、《中华人民共和国城市房地产管理法》及其他法律法规，委托人和受托人本着平等、自愿、公平、诚实信用的原则，经协商一致，达成如下协议。

第一条　委托事项

委托人为购买《房屋需求信息》（见本协议附件）所要求的房屋（以下简称意愿购买房屋），委托受托人提供本协议第三条约定的服务。

【受托人指派】【委托人选定】注册在受托人名下的下列房地产经纪人为本协议委托事项的承办人，执行委托事项：

承办人姓名：_____ 性别：_____ 身份证件号码：_____ 房地产经纪人注册号：_____。

承办人选派注册在受托人名下的下列房地产经纪人协理为本协议委托事项的协办人，协助承办人执行委托事项：

协办人姓名：_____ 性别：_____ 身份证件号码：_____。

第二条 房屋需求信息

签订本协议时，受托人应凭借自己的专业知识和经验，向委托人详细询问其意愿购买房屋的用途、区位、价位、户型、面积、建成年份或新旧程度等要求；委托人应对其购买意愿表示的真实性承担法律责任。

受托人应根据委托人的购买意愿，与委托人共同如实填写《房屋需求信息》。《房屋需求信息》为本协议的重要组成部分。

第三条 服务内容

委托人委托受托人提供下列第_____项服务（可多选）：

（一）提供与意愿购买房屋买卖相关的法律法规、政策、市场行情咨询。

（二）寻找意愿购买房屋及其出售人。

（三）对符合委托人购买《房屋需求信息》要求且得到委托人基本认可的房屋进行产权调查和实地查验。

（四）协助委托人与出售人达成房屋买卖合同。

（五）代办房地产估价、公证手续。

（六）为委托人代办税费缴纳事务。

（七）代办购房抵押贷款手续。

（八）代办房屋产权及附属设施过户手续。

（九）代理查验并接受房屋、附属设施及家具设备等。

（十）代办各种收费设施的交接手续。

（十一）其他（请注明）。

受托人为完成委托代办事项而向委托人收取证件、文件、资料时，应向委托人开具规范的收件清单，并妥善保管；完成委托代办事项后，应及时将上述证件、文件、资料退还委托人。

第四条 委托期限与方式

（一）委托期限按照下列第_____种方式确定（只可选一项）：

1. 自＿＿＿＿年＿＿＿＿月＿＿＿＿日起,至＿＿＿＿年＿＿＿＿月＿＿＿＿日止。期限届满,本协议自行终止。

2. 自本协议签订之日起,至委托人与出售人签订房屋买卖合同之日止。

3. 其他(请注明)＿＿＿＿＿＿＿＿＿＿＿＿＿＿＿＿＿＿＿＿＿＿＿＿＿＿＿＿。

(二)委托人【承诺】【不承诺】在委托期限内本协议约定的委托事项为独家委托。

第五条 委托承购价格

委托人要求委托承购的房屋总价不高于【人民币】【　　】大写元(小写＿＿＿＿元)。委托人支付的价格应与出售人得到的价格相同。

第六条 服务费用支付

(一)佣金

在本协议第四条约定的期限内委托人与出售人达成房屋买卖合同的,委托人应向受托人支付佣金。

1. 佣金的支付标准及金额按照下列第＿＿＿＿种方式确定(只可选一项):

(1)按房屋买卖合同中载明的成交价的大写百分之＿＿＿＿＿＿＿＿(小写＿＿＿＿%)计付佣金。

(2)按固定金额【人民币】【　　】大写＿＿＿＿＿＿＿＿元(小写＿＿＿＿元)支付佣金。

(3)其他(请注明)＿＿＿＿＿＿＿＿＿＿＿＿＿＿＿＿＿＿＿＿＿＿＿＿＿＿＿＿。

2. 佣金的支付时间按照下列第＿＿＿＿种方式确定(只可选一项):

(1)自房屋买卖合同签订之日起＿＿＿＿日内支付。

(2)于房屋买卖合同签订之日,支付佣金总额的大写百分之＿＿＿＿＿＿＿＿(小写＿＿＿＿%);于房屋产权过户手续完成之日,支付佣金总额的大写百分之＿＿＿＿＿＿＿＿(小写＿＿＿＿%);于房屋交付完成之日,支付佣金总额的大写百分之＿＿＿＿＿＿＿＿(小写＿＿＿＿%)。

(3)其他(请注明)＿＿＿＿＿＿＿＿＿＿＿＿＿＿＿＿＿＿＿＿＿＿＿＿＿＿＿＿。

3. 在本协议第四条约定的期限内未能达成房屋买卖合同的,对受托人为完成委托事项已支出的必要费用,按照下列第＿＿＿＿种方式处理(下列选项只有一项有效,填写两项或两项以上者,按照有利于委托人的选项执行):

(1)由受托人承担。

(2)以【人民币】【　　】大写＿＿＿＿＿＿＿＿元(小写＿＿＿＿元)为限,自委托期限届满之日起＿＿＿＿日内支付。

(3) 按上列约定佣金支付标准的大写百分之＿＿＿＿＿＿（小写＿＿＿％）计算，自委托期限届满之日起　　日内支付。

(4) 由委托人和受托人根据受托人完成的工作量另行议定。

(5) 其他（请注明）＿＿＿＿＿＿＿＿＿＿＿＿＿＿＿＿＿＿＿＿＿。

4. 受托人收取佣金后，应向委托人开具正式发票。

（二）代办事项服务费

受托人完成本协议第三条约定的代办事项的，委托人应按照下列第＿＿＿种方式向受托人支付服务费（下列选项只有一项有效，填写两项或两项以上者，按照有利于委托人的选项执行）：

1. 由受托人承担。

2. 按受托人经营场所明示的收费标准，自委托事项完成之日起＿＿＿＿日内或＿＿＿＿支付。

3. 按受托人经营场所明示的收费标准的大写百分之＿＿＿＿＿＿（小写＿＿＿％），自委托事项完成之日起　　日内或　　支付。

4. 按固定金额【人民币】【　　】大写＿＿＿＿＿＿元（小写＿＿＿元），自委托事项完成之日起＿＿＿＿日内或＿＿＿＿支付。

5. 其他（请注明）＿＿＿＿＿＿＿＿＿＿＿＿＿＿＿＿＿＿＿＿＿。

受托人收取代办服务费后，应向委托人开具正式发票。

（三）代缴税费

受托人在完成委托事项中，代委托人向第三方缴纳的税费，按照下列第　　种方式处理（下列选项只有一项有效，填写两项或两项以上者，按照有利于委托人的选项执行）：

1. 委托人按委托人和受托人认同的估算金额预付给受托人，待约定的代缴税费事项完成、委托期限届满或者本协议终止（以先者为准）时，受托人凭缴纳税费收据与委托人结算，如有差额多退少补。

2. 由受托人提供收费标准与金额，委托人按代办进程将应缴税费付给受托人，委托其代为向第三方缴纳。

3. 其他（请注明）。

第七条　交易过错责任承担

委托人因与本项委托直接关联的交易与出售人发生权属纠纷且委托人属过错方的，除受托人能证明属于委托人过错、应由委托人承担责任的外，受托人作为专业机构应承担过错责任，对委托人应承担的民事责任承担连带责任。

受托人不得在本协议以外的补充约定中,设立明示或者暗示与本条款相冲突的免除受托人责任的条款。

第八条 违约责任

(一)委托人违约责任

1. 委托人故意提供虚假的房屋需求信息的,受托人有权单方解除本协议,给受托人造成损失的,委托人应依法承担赔偿责任;

2. 委托人泄露由受托人提供的出售人资料,给受托人、出售人造成损失的,委托人应依法承担赔偿责任;

3. 委托人在委托期限内自行与第三人达成交易的,应按照本协议约定的标准向受托人支付佣金。但委托人在本协议第四条第二款中不承诺为独家委托,并能证明该项交易与受托人的服务没有直接因果关系的除外。

(二)受托人违约责任

1. 受托人违背执业保密义务,不当泄露委托人商业秘密或个人隐私,给委托人造成损害的,应按照＿＿＿＿＿＿＿标准支付违约金,约定违约金不足以弥补委托人损失的,委托人有权要求补充赔偿。

2. 受托人有隐瞒、虚构信息或恶意串通等影响委托人利益的行为,委托人除有权解除本协议、要求退还已支付的相关款项外,受托人还应按照＿＿＿＿＿＿＿标准,向委托人支付违约金。

3. 在委托代办事项中,受托人因工作疏漏,遗失委托人的证件、文件、资料、发票等,应给予相应经济补偿。

(三)委托人与受托人之间有付款义务而延迟履行的,应按照迟延天数乘以应付款项的大写百分之＿＿＿＿＿＿＿(小写＿＿＿＿%)计算迟延付款违约金支付给对方,但不超过应付款总额。

第九条 协议变更与解除

(一)协议变更

在本协议履行期间,任何一方要求变更本协议条款,应书面通知对方。经双方协商一致,可达成补充协议。补充协议为本协议的组成部分,与本协议具有同等效力。

若经双方协商一致,无需签订补充协议的,应将变更事项简记于本协议的附注栏内。

(二)协议解除

1. 委托人有确凿证据证明受托人有与其执业身份不相称的行为且将影响委托

人利益的,可于委托期限届满前,书面通知受托人解除本协议,受托人应在收到通知之日起　日内将预收的费用退还委托人。

2.受托人有确凿证据证明委托人隐瞒重要事实且足以影响交易安全的,可于委托期限届满前,书面通知委托人解除本协议,已收费用不予退还,并可依法追偿约定的或已发生的费用。

第十条　争议处理

因履行本协议发生争议,由争议双方协商解决,协商不成,双方【同意】【不同意】由标的房屋所在地的房地产经纪行业组织调解。

调解不成或者不同意调解的,按照下列第_____种方式解决:

1.提交_____仲裁委员会仲裁。

2.依法向人民法院起诉。

第十一条　协议生效

本协议一式_____份,具有同等法律效力,委托人_____份,受托人_____份。本协议自双方签订之日起生效。

委托人(签章):　　　　　　　　　　　　受托人(签章):

　　　　　　　　　　承办人(签章):

　　　　　　　　　　协办人(签章):

签订地点:

签订日期:二OO　年　月　日

附 注 栏

变更日期	变更事项	双方签字确认

附件

房屋需求信息

用途：＿＿＿＿＿＿＿＿＿＿＿＿＿＿＿＿＿＿＿＿＿＿＿＿＿＿＿＿＿

区位：＿＿＿＿市＿＿＿＿区＿＿＿＿附近＿＿＿＿米内的范围。

价位：单价【人民币】【　】＿＿＿元／平方米至＿＿＿元／平方米，总价【人民币】【　】＿＿＿元＿＿＿至＿＿＿元。

户型：＿＿＿室＿＿＿厅＿＿＿卫＿＿＿厨或＿＿＿＿＿＿＿＿＿。

面积：【建筑面积】【使用面积】【　】＿＿＿平方米至＿＿＿平方米。

新旧：【房屋建成年份】【新旧程度】【　】：＿＿＿＿＿＿＿＿＿。

其他要求：＿＿＿＿＿＿＿＿＿＿＿＿＿＿＿＿＿＿＿＿＿＿＿＿＿
＿＿＿＿＿＿＿＿＿＿＿＿＿＿＿＿＿＿＿＿＿＿＿＿＿＿＿＿＿＿

委托人和受托人对上述信息签字确认：

委托人：　　　　　　　　　　　　　　　　　　　受托人：

　　　　　　　　　承办人：

　　　　　　　　　协办人：

签订地点：

签订日期：二〇〇　　年　　月　　日

二、房屋买卖合同

房屋买卖合同

本合同双方当事人：

卖方（以下简称甲方）：＿＿＿＿＿（本人）（法定代表人）姓名：＿＿＿＿＿（身份证）（护照）（营业执照号码）：＿＿＿＿＿国籍：＿＿＿＿＿地址：＿＿＿＿＿邮政编码：＿＿＿＿＿联系电话：＿＿＿＿＿（房产共有人）姓名：＿＿＿＿＿（身份证）（护照）（营业执照号码）：＿＿＿＿＿国籍：＿＿＿＿＿地址：＿＿＿＿＿邮政编码：＿＿＿＿＿联系电话：＿＿＿＿＿委托代理人：＿＿＿＿＿国籍：＿＿＿＿＿地址：＿＿＿＿＿邮政编码：＿＿＿＿＿电话：＿＿＿＿＿

买方（以下简称乙方）：＿＿＿＿＿（本人）（法定代表人）姓名：＿＿＿＿＿（身份证）（护照）（营业执照号码）：＿＿＿＿＿国籍：＿＿＿＿＿地址：＿＿＿＿＿邮政编码：＿＿＿＿＿联系电话：＿＿＿＿＿（房产共买人）姓名：＿＿＿＿＿（身份证）（护照）（营业执

照号码）：_____国籍：_____地址：_____邮政编码：_____联系电话：_____委托代理人：_____国籍：_____地址：_____电话：_____邮政编码：_____

第一条 房屋的基本情况

甲方房屋（以下简称该房屋）坐落于_____；位于第_____层，共_____（套）(间)，房屋结构为_____，建筑面积_____平方米（其中实际建筑面积_____平方米，公共部位与公用房屋分摊建筑面积_____平方米），房屋用途为_____；该房屋平面图见本合同附件一，该房屋内部附着设施见附件二；(房屋所有权证号、土地使用权证号)(房地产权证号)为_____。

第二条 房屋面积的特殊约定

本合同第一条所约定的面积为（甲方暂测）(原产权证上标明)(房地产产权登记机关实际测定)面积。如暂测面积或原产权证上标明的面积（以下简称暂测面积）与房地产产权登记机关实际测定的面积有差异的，以房地产产权登记机关实际测定面积（以下简称实际面积）为准。

该房屋交付时，房屋实际面积与暂测面积的差别不超过暂测面积的_____%（不包括_____%）时，房价款保持不变。

实际面积与暂测面积差别超过暂测面积的_____%（包括_____%）时，甲乙双方同意按下述第_____种方式处理：

1. 乙方有权提出退房，甲方须在乙方提出退房要求之日起_____天内将乙方已付款退还给乙方，并按_____利率付给利息。

2. 每平方米价格保持不变，房价款总金额按实际面积调整。

第三条 土地使用权性质

该房屋相应的土地使用权取得方式为_____；土地使用权年限自_____年_____月_____日至_____年_____月_____日止。以划拨方式取得土地使用权的房地产转让批准文件号为_____；该房屋买卖后，按照有关规定，乙方（必须）(无须)补办土地使用权出让手续。

第四条 价格

按（总建筑面积）(实际建筑面积)计算，该房屋售价为（币）每平方米_____元，总金额为（币）_____亿_____千_____百_____拾万_____千．百_____拾_____元整。

第五条　付款方式

乙方应于本合同生效之日向甲方支付定金（　币）_____亿_____千_____百_____拾_____万_____千_____百_____拾_____元整，并应于本合同生效之日起_____日内将该房屋全部价款付给甲方。具体付款方式可由双方另行约定。

第六条　交付期限

甲方应于本合同生效之日起三十日内，将该房屋的产权证书交给乙方，并应收到该房屋全部价款之日起_____日内，将该房屋付给乙方。

第七条　乙方逾期付款的违约责任

乙方如未按本合同第四条规定的时间付款，甲方对乙方的逾期应付款有权追究违约利息。自本合同规定的应付款限期之第二天起至实际付款之日止，月利息按_____计算。逾期超过_____天后，即视为乙方不履行本合同。届时，甲方有权按下述第_____种约定，追究乙方的违约责任。

1. 终止合同，乙方按累计应付款的_____%向甲方支付违约金。甲方实际经济损失超过乙方支付的违约金时，实际经济损失与违约金的差额部分由乙方据实赔偿。

2. 乙方按累计应付款的_____%向甲方支付违约金，合同继续履行。

第八条　甲方逾期交付房屋的违约责任

除人力不可抗拒的自然灾害等特殊情况外，甲方如未按本合同第五条规定的期限将该房屋交给乙方使用，乙方有权按已交付的房价款向甲方追究违约利息。按本合同第十一条规定的最后交付期限的第二天起至实际交付之日止，月利息在_____个月内按_____利率计算；自第_____个月起，月利息则按_____利率计算。逾期超过_____个月，则视为甲方不履行本合同，乙方有权按下列第_____种约定，追究甲方的违约责任。

1. 终止合同，甲方按乙方累计已付款的_____%向乙方支付违约金。乙方实际经济损失超过甲方支付的违约金时，实际经济损失与违约金的差额部分由甲方据实赔偿。

2. 甲方按乙方累计已付款的_____%向乙方支付违约金，合同继续履行。

第九条　关于产权登记的约定

在乙方实际接收该房屋之日起，甲方协助乙方在房地产产权登记机关规定的期限内向房地产产权登记机关办理权属登记手续。如因甲方的过失造成乙方不能在双方实际交接之日起_____天内取得房地产权属证书，乙方有权提出退房，甲方须在乙方提出退房要求之日起_____天内将乙方已付款退还给乙方，并按已付款的_____％赔偿乙方损失。

第十条 甲方保证在交易时该房屋没有产权纠纷，有关按揭、抵押债务、税项及租金等，甲方均在交易前办妥。交易后如有上述未清事项，由甲方承担全部责任。

第十一条 因本房屋所有权转移所发生的土地增值税由甲方向国家缴纳，契税由乙方向国家缴纳；其他房屋交易所发生的税费除另有约定的外，均按政府的规定由甲乙双方分别缴纳。

第十二条 本合同未尽事项，由甲、乙双方另行议定，并签订补充协议。

第十三条 本合同之附件均为本合同不可分割之一部分。本合同及其附件内，空格部分填写的文字与印刷文字具有同等效力。

本合同及其附件和补充协议中未规定的事项，均遵照中华人民共和国有关法律、法规和政策执行。

第十四条 甲、乙一方或双方为境外组织或个人的，本合同应经该房屋所在地公证机关公证。

第十五条 本合同在履行中发生争议，由甲、乙双方协商解决。协商不成时，甲、乙双方同意由_____仲裁委员会仲裁。（甲、乙双方不在本合同中约定仲裁机构，事后又没有达成书面仲裁协议的，可向人民法院起诉。）

第十六条 本合同（经甲、乙双方签字（经_____公证（指涉外房屋买卖）之日起生效。

第十七条 本合同连同附表共_____页，一式_____份，甲、乙双方各执一份，_____各执一份，均具有同等效力（卖方）

甲方（签章）：   乙方（签章）：

房产共有人（签章）：   房产共买人（签章）：

甲方代理人（签章）：   乙方代理人（签章）：

_____年_____月_____日   _____年_____月_____日

签于_____   签于_____

附件一：房屋平面图（略）

附件二：室内附着设施（略）

第二节　办理住房按揭相关合同

各家银行的二手房抵押贷款合同是不同的，下面是××银行的房屋抵押贷款合同样本，希望给广大购房者有所启示。

抵押贷款合同

贷款人：×× 银行 ×× 分行　　　　　　　　　　　（以下简称"甲方"）

借款人：_____（以下简称"乙方"）

保证人：_____（以下简称"丙方"）

鉴于乙方购买房产，并以该房屋作为抵押物向甲方申请购房抵押贷款；丙方为乙方在所购房屋的所有权证及抵押登记尚未办妥期间提供连带保证责任。根据《中华人民共和国担保法》、《中国人民银行个人住房贷款管理办法》及中国××银行有关规定，经甲、乙、丙三方协商一致，订立本合同。

第一条　释义

在本借款合同中，除合同内另行定义外，下列名词定义如下：

1. 欠款：乙方所欠甲方在本合同项下的一切款项，包括借款本金、利息、逾期利息、复利、罚息及其他有关费用。

2. 购房合同：乙方与卖方签订的，购买本合同抵押房屋的《房屋买卖合同》、《商品房预售合同》或其他购房协议。

3. 抵押物：购房合同项下的房屋及一切与该房屋有关的权益的统称。

4. 抵押贷款阶段性担保：指由银行认可的保证人为乙方在所购房屋的所有权证及抵押登记上未办妥期间提供的连带保证责任。

第二条　乙方所购房屋

1. 房屋坐落_____

2. 房屋类型_____

3. 房屋结构_____

4. 建筑面积_____

5. 房屋所有权证编号_____字第_____

6. 国有土地使用证编号_____字第_____

7. 房屋评估价值_____

8. 房屋交易价值＿＿＿＿＿＿＿＿＿＿＿＿＿＿＿＿＿＿＿＿＿＿＿＿＿＿

第三条　借款用途

本合同项下的借款，乙方必须用于其与售房人签订的《购房协议书》中购买的坐落于＿＿＿＿＿＿＿＿＿＿＿的房屋。乙方不得擅自改变本合同中确定的借款用途。

第四条　借款金额

借款金额为人民币（金额大写）＿＿＿＿，即乙方所购房屋价款的＿＿＿%。

第五条　价款期限

借款总期限自＿＿＿年＿＿＿月＿＿＿日起至＿＿＿年＿＿＿月＿＿＿日止，共＿＿＿年＿＿＿月，分＿＿＿期归还。

第六条　借款利率

1. 借款利率按月利率＿＿＿‰执行。

2. 借款利息按月计付，结息日为每月第 20 日。

3. 借款期限一年以内（含一年）的，实行合同利率，遇法定利率调整不分段计息；贷款期限一年以上的，遇法定利率调整，于次年 1 月 1 日按相应利率档次执行新的规定利率。

第七条　借款划拨

在办妥本合同抵押登记，取得他项权利证后的 7 个工作日内，甲方将上述借款金额拨入乙方在甲方处开立的存款账户（账号＿＿＿＿＿＿＿＿）内；甲方同时根据乙方预先签署的《委托付款授权书》，将借款金额一次性以乙方购房款名义划入售房人在甲方处开立的售房存款账户（账号＿＿＿＿＿＿＿＿）内。

丙方同意为乙方在所购房屋的所有权证及抵押登记尚未办妥期间内提供连带责任保证，并作为全权代理人，保证为乙方办理完产权证及抵押登记。在丙方为上述保证与甲、乙三方签署《个人住房抵押借款合同》，取得房地产卖契后 7 个工作日内，甲方将上述借款金额拨入丙方在甲方处开立的专用账户内；丙方根据乙方预先签署的《付款授权书》将借款金额以乙方购房款名义划入售房人在甲方处开立的存款账户（账号：＿＿＿＿＿＿＿＿）内。

第八条　借款偿还

1. 乙方应按期足额偿还甲方贷款本息。

2. 借款期限在一年以内（含一年）的，实行到期一次还本付息，利随本清。

3. 借款期限一年以上的，本合同项下借款本息以每一个月为一个偿还期，每月第＿＿＿日为乙方的每期还款日，首期还款发生的次月第＿＿＿日。

4.乙方在获得甲方贷款之前必须在甲方处开立存款账户（账号_____）或办理银行卡（卡号_____），每期还款日前，乙方应在上述存款账户内存入不少于一期的应还借款本息。甲方于每期还款日根据乙方预先签署的《付款授权书》直接从该存款账户中扣收与本合同项下借款有关的款项。如果款项不足扣划时，甲方给乙方_____日的宽限期，期满账户存款仍不足扣划时，则该期应还贷款本息全部作逾期处理。

(1) 等额还款法：

每月还款金额 = 贷款本金 × 月利率

每月等额还本付利息金额为人民币（大写金额）_____。

(2) 递减还款法：

月还款额 = _____ +（贷款本金—已归还贷款本金累计额）× 月利率

5. 提前还款

乙方若提前还款，须征得甲方同意，并按下列规定办理：

(1) 乙方可在每期的还款日之前偿还部分或全部未到期借款。

(2) 乙方须在预定提前还款日的一个月前，以书面形式向甲方提出申请。

(3) 乙方提前偿还全部借款的，按合同约定的利率和借款余额以及实际使用期限计算利息，利随本清，已计收的借款利息不再退还。

(4) 提前偿还部分借款本金的，其提前偿还部分借款本金后对剩余的部分可以调整还款计划，即还款期限缩短，每期还款额不变或者还款期限不变，每期还款额减少。选择期限缩短的，按调整后总的借款期限确定利率档次计收以后的利息。

(5) 若乙方提前偿还全部欠款而此合同项下的借款尚在阶段性保证期内，丙方的保证责任自动终止。

6. 逾期还款

对逾期未还的贷款本息，乙方选择以下第_____种方式偿还：

(1) 乙方在上述存款账户内存足款项，由甲方在下一个还款日划收。但在存款日至划款日之前，甲方仍向乙方计收逾期及其复利。

(2) 乙方到甲方的信贷部门领取欠款清单，再凭欠款清单到营业柜台交付现金，从交付欠款之日起，停止计收逾期利息及其复利。

7. 乙方、丙方及售房方在《房屋买卖合同》及其他约定项下就购房事宜发生任何纠纷，均不得影响本合同项下借款本息及有关费用的按期偿付及保证责任的承担。

第九条　甲方义务

1. 在合同约定的期限内，将借款足额提供给乙方。

2. 核收和保管与抵押物有关的房屋所有权证、他项权利证和其他所需文件。

3. 在乙方向甲方偿还全部欠款后，甲方与乙方向房地产管理部门办理注销抵押登记手续，并将抵押物所有权证及其他有关证明文件交还乙方。

4. 在阶段性担保期间，乙方未能依约履行还款义务，而由丙方代为清偿乙方欠款的，甲方须将与抵押物有关的证明文件转交给丙方处理。

第十条　乙方义务

1. 按时足额还本付息。

2. 在甲方处开立存款账户，并存入不低于30%的购房首付款，同时授权甲方从此账户内划付与借款有关的款项。

3. 对抵押物必须妥善保管并负有维修、保养、保证完好无损的责任，并随时接受甲方的检查监督。如抵押物发生部分或全部毁损，无论何种原因及何人的过失，均由乙方承担全部责任，乙方须向甲方赔偿由此引起的一切损失。

4. 抵押物除自用外，未经甲方书面同意，乙方不得将本合同项下的部分或全部抵押物出售、出租、赠与、转让、舍弃、托管、重复抵押、以抵押物清偿其他债务或以其他方式处置。

5. 在丙方履行了阶段性担保责任，代乙方偿还全部欠款后，乙方同意甲方将抵押权转让给丙方。

6. 按本合同第十二条第4款的约定办理抵押房屋保险。

7. 在变更通讯地址时立即以书面通知甲方。

第十一条　丙方义务

1. 丙方为乙方提供阶段性担保，担保期限自甲方依《个人住房抵押借款合同》、房地产卖契发放贷款之日起至抵押登记办理完毕之日止。担保范围为乙方所欠甲方的一切款项，包括借款本金、利息、逾期利息、罚息及其他相关费用。

2. 丙方接受乙方委托在　　月之内办理完毕以下事项：

(1) 代乙方办理房屋过户手续，代收代缴土地出让金。

(2) 代乙方办理正式产权证，并保证将其移交给甲方收押。

(3) 代乙方办理所购房屋的抵押登记手续，并在收到他项权利证书之日起5日内将该证书交与甲方。

第十二条　违约责任

1. 乙方在合同期内，未按月偿还借款本息，甲方按规定对其逾期还款按实际天数每日计收万分之_____罚息，并对逾期支付的利息计收复利。

2. 本借款发放后，在阶段性担保期间：乙方不能按时偿还借款本息的，由丙方代为偿还，丙方偿清全部欠款后，即可处置该项抵押物；在抵押登记生效后：乙方连续三个月或任何一期贷款本息及相关费用逾期三个月的，甲方即可处置该项抵押物，以偿还乙方欠款。

3. 本借款发放后在阶段性担任期间：丙方未能在合同约定的期限内办理房屋过户、抵押登记手续的，甲方有权从其保证金账户中扣除_____%的保证金且该笔保证金不予退还。此后丙方仍有义务继续办理过户、抵押登记手续，直至将产权证、他项权利证移交给甲方，其阶段性担保责任方可解除。

第十三条　房屋抵押

1. 抵押期限

抵押期限自_____年_____月_____日起至_____年_____月_____日，自抵押登记办妥之日起至本合同借款日后六个月止。

2. 抵押率_____。

3. 抵押担保范围：借款本金、利息、逾期利息、复利、罚息、诉讼费、律师代理费、抵押物处理费、过户费等甲方及丙方实现抵押权的一切费用。

4. 抵押登记

（1）乙方出具《授权委托书》委托丙方或乙丙双方共同以本合同、购房合同以及其他有关房地产所有权证明文件在房屋所在地的房地产管理机关办理抵押登记手续。

（2）低压物的所有权证明文件、抵押登记的《他项权利证书》及其他有关文件须交予甲方收执和保管。

5. 抵押物的保险

乙方在本合同项下的借款期限内，为抵押物足额投保。

第三节　二手房验房工具及验收过程

二手房交房前如果没有专家陪同，普通购房者往往会不知所措，怎么验收房子、验收过程是什么，甚至什么才是房子质量问题。专业验房师提醒，首先要要随身携带好小工具，然后遵照专家所推荐验收流程，当然是有备无患。

一、验房工具要携带

1. 量具：5m 盒尺、25～33cm 直角尺、50～60cm 丁字尺、1m 直尺。

2. 电钳工具：带两头和三头插头的插排（即带指示灯的插座）；各种插头：电话、电视、宽带；万用表；摇表；多用螺丝刀（"－"字和"＋"字）；5号电池2节、测电笔；手锤；小锤；大灯、小灯。

3. 辅助工具：镜子、手电、塑料袋多个、纸＋火柴、卫生纸、凳子、纸笔等。

(1) 1只塑料洗脸盆：用于验收下水管道；

(2) 1只小榔头：用于验收房子墙体与地面是否空鼓；

(3) 1只塞尺：用于测裂缝的宽度；

(4) 1只5米卷尺：用于测量房子的净高；

(5) 1只万用表：用于测试各个强电插座及弱电类是否畅通；

(6) 1只计算器：用于计算数据；

(7) 1只水笔：用于签字；

(8) 1把扫帚：用于打扫室内卫生；

(9) 1只小凳子和一些报纸、塑料带、包装绳：用于时间长，可休息一下及预先封闭下水管道。

正常验收房子时间一般是持续2~3个钟头。

二、验房过程几步走

在验房过程中，第一看外部，包括外立面、外墙瓷砖和涂料、单元门、楼道；第二查内部，包括入户门、门、窗、天棚、墙面、地面、墙砖、地砖、上下水、防水、电表、气表、通风、排烟、排气等；第三测相邻，包括闭存水试验、水表空转等问题，但必须要和楼上楼下邻居配合。

在实际的验房过程中，专家建议不要忽略以下步骤：

第一步：测层高核面积

自备5米卷尺工具。用5米卷尺测量一下楼宇的层高，看是否与合同相符。

确认合同附图与现实是否一致，结构是否和原设计图相同，房屋面积是否经过房地产部门实际测量，与合同签订面积是否有差异。

查看售房合同，一般如与实际测量面积误差在3%之内，不予考虑，误差超过3%的，以双方签订合同的赔偿约定为准。建议约定房屋面积与实际测量面积误差为2%，最好不超过5%。

第二步：查下水看漏堵

用塑料袋、沙子、1只塑料脸盆验收下水情况：先用面盆盛水，再向各个下水处灌水，分别是台盆下水、浴缸下水、马桶下水、厨房和卫生及阳台地漏等，基本是每个下水口应灌入两盆水左右，应听到咕噜噜的声音，且表面无积水。也可打开水龙头，尽可能让水流大一点、急一点，一来看水压，二来试试排水速度。

另外需要特别检查一下卫生间地面是否渗漏、是否存水。合格的地面不应有积水存在，下水畅通。

室内上下水检验很有必要，上水压力不足可能造成煤气热水器不能正常工作，下水排水不畅会导致污水倒流，及时发现上下水存在严重问题可以要求房主修理后再办理交接手续。

第三步：榔头轻敲听空裂

用1只小榔头用小锤轻轻敲一敲墙面、地面装饰面层，用于验收房子墙体与地面是否空鼓。若听到"空空"的声音，就是各面层与墙（地）面接触有缝隙，需要注意；若听到沉闷的碰击声，则表明它们接触良好。

提示：如有空鼓，一定要向房主提出请人尽快修复，否则如果装修会很容易打穿楼板，妨碍邻里关系。

第四步：墙面不滴水无裂缝

仔细检查墙体的平整度，看一下墙面是否有渗水、裂缝现象，特别是查看一些墙体是否有水迹，如顶面、外墙等地方，如有的话，务必尽快查明原因。

提示1：阳台裂缝危险大。一般而言，墙面的裂缝大多不是结构裂缝，危险性不大。房屋的结构问题常出现在阳台，万一发现房间与阳台的连接处有裂缝，很有可能是阳台断裂的先兆，一定要立即通知房主找出解决办法。

提示2：若买的是顶层，一定要查看各个房屋的顶面有无雨水渗漏的痕迹。

提示3：特别留意如果是冬天房间里的墙面有结露现象，那么这个墙面的保温层肯定有问题。

第五步：门窗灵活听隔声

试试门窗开启是否灵活，目测门与门框、窗与窗框的各边之间是否平行，关上门窗听听隔声效果，同时也了解了它们的密封程度。

提示：为了防水，卫生间的门须离地面预留1.5厘米。

第六步：拉断电闸看分路

拉断电闸后看户内是否完全断电，分别检查各个分闸是否完全控制各分支线路。最好用万用表测量各个强弱电是否畅通。

提示：另外别忘了打开电话、电视的线路接口，用力拉一拉，看一下插座的牢固程度，看是否虚设。

第七步：查验供电容量

一些过去的老楼房，设计供电容量较小，一到夏天用电高峰，各家频频跳闸，险象丛生。后经市政府拨款改造，大都更换了大容量的电线和供电开关，大大提高用电安全系数了供电容量。二手房验房时查验供电容量和室内大容量电器的使用情况，可以及时发现用电隐患及时修理，避免存在安全隐患。

三、房屋交接单样本

房 屋 交 接 单

甲方：_____

乙方：_____

物业管理公司：_____

房屋坐落：_____

交接日期：_____

交接情况：

1. 钥匙：

2. 水表、电表齐全，运转正常。

3. 灯具、开关、插座按图施工，不缺件，使用正常。

4. 水龙头齐全，不渗水、滴漏，使用良好。

5. 下水畅通，无阻塞现象。

6. 门窗开关灵活，五金配套齐全，玻璃完好。

7. 地面平整，无跑砂现象；墙面粉刷完好。

8. 厨房设备、设施。

9. 卫生间设备、设施。

10. 以上各条经双方核验合格后签字。

甲方签署：_____

乙方签署：_____

物业公司签署：_____

第四节　物业交接相关程序

看房人增多，成交量迅速增长，中介公司业务也越来越好，二手房市场也一片欣欣向荣。不过，市场纠纷也越来越多，且千奇百怪。最令广大购房者担心、也最令中介头疼的，就属过户后房屋物业交接扯皮越来越多。

其实，在整个二手房交易买卖流程中，纠纷主要集中在前期的合同和过户上，所以被买卖双方所重视，而后期的物业交接问题则忽略不计了。物业交接问题，历来不被买卖双方所重视，他们认为，过户完成后整个交易流程基本完成，由于不重视而导致纠纷不断。

最近关于这方面的纠纷越来越多。因为物业交接扯皮的购房者主要多集中在两方面：一、房屋家电问题及室内装修；二是水电气、物业基金等交接过户。

房产交接之后买方获得房屋的控制使用权并承担相应使用费，卖方应当结清之前的所有费用并免除承担该房屋的相关责任，在房屋交接时买卖双方将所有事项交接清楚，是避免今后产生纠纷的重要步骤。

一、结清日常费用

办理物业交接手续时应结清日常使用房屋的费用如水、电、煤、电话、电视、宽带等费用。预付费的卡内金额可以按日结算，共用天线、电话、宽带、机顶盒等需要通过有关部门办理的，双方互相配合办理更名、或结转手续。

二、结清物业和供暖费

结清物业管理费和冬季供暖费既是房主在交房之前应当办理的事项，也是央产房（已购公房中一种比较特殊的房屋）办理房产过户的前提条件。央产房在过户时需要向建委提交物业结清证明，否则建委不予办理过户手续。

三、变更公共维修基金

例如北京的公共维修基金统一由政府下属的机构进行监管，钱款不能提取不办理交接，但可以办理更名手续。房主在当初交纳公共维修基金时有一张发票，写有房主的名字，这张发票可以进行变更，变更为新房主即买方名下。

四、换签物业管理合同

最后一步，所有项目都交接完之后，需要到物业公司办理换签物业合同，但有些物管公司要求提供房产证才给换签。

户口迁出也是物业交接的项目之一，虽然不要求在交房时立即迁出，但也应当给出一个户口迁出的期限。

五、解除协议后的善后处理

在签约时大家一般不愿意对解除协议的善后处理作出约定，又不能达成一致

意见。仅仅靠法律在这方面的规定往往感到依据不足，难以妥善处理，因此在签约时提前约定解约善后事宜是很有必要的

下图是物业交接的简单流程：

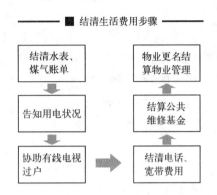

第二部分
TWO 卖房篇

　　相比这一部分"卖方篇",本书第一部分"买方篇"对二手房交易中的买方的保护和指引更为详尽、周到,并偏重对买房人的关注和保护,这是由二手房交易时买方相对弱势这一特点决定的。但无论卖方是首次出售自己的房屋,还是原买方转化角色再次出售手中的二手房,作为平等交易主体的合法权益都是本书所关注的。因此在这一部分将对二手房交易中的卖方可能遇到的问题进行一些解答,以帮助卖房人排忧解难。

第十章　二手房出售前期准备

第一节　二手房出售流程

二手房出售流程主要步骤有：

一、发布房源信息

卖方想出售房屋，首先就得广而告之，在确定其可以上市交易的前提下，通过各种可行可靠的渠道发布房源信息。

1. 网上发布

随着互联网的发展，从网上获取信息正在成为人们获取信息的主要方式。各地一般都有网上的二手房交易平台，人们通过网络平台可以便捷地发布有关二手房的房源信息。通常是登录相关网站，发布个人房源信息。

2. 各种传播媒体

通过报纸广播等媒体发布房源，方便快捷，连续性强，但有效性差，也是目前发布房源的主渠道，作为一种信息发布方式被广泛采用。但需要支付一定的费用。

3. 熟人、朋友的介绍

把有房产出售的消息告诉可信的熟人、朋友，他们可能会介绍到可信的买家。

4. 委托中介机构

委托中介机构是发布房源信息最省时省力的方法。到中介公司登记，借助中介公司在公司的显著位置张贴房源信息以备公众查阅，或由中介公司在网上或各种传播媒体上定期发布。建议卖方委托口碑好的大中型中介公司发布房源信息，委托时需要出示产权证和身份证明，以备中介机构查询房屋权属状况等是否符合委托条件。

另外卖方和中介机构要签订委托合同。合同中应当包括房屋基本状况、房价、委托期限、签订买卖合同的时间，还有是否委托中介公司收取定金的说明。然后由中介机构将委托合同备案登记，并发布房源信息。

二、对房屋进行估价

在信息登记时，您必须结合市场行情合理定价，过高不利于快速成交，过低会带来不必要的经济损失；最能把握价格水平的往往是该房屋所在地的房地产中介代理公司，也可向房地产评估机构咨询。

除由中介机构或者专业评估机构对即将出售的房屋进行估价，也可参考附近相似房源的售价进行合理估价。

三、接待看房，议价

看房对于卖方来说也是件花时间和精力的事情，沟通和安全都很重要。建议尽量参与看房过程，掌握买方对房屋和价格的意见。

1. 接待买方看房

和中介及买方约定时间看房，建议尽量参与看房过程，掌握买方对房屋和价格的意见。如果出售还在居住的房屋，要协商一个打扰日常生活最少的看房时间；出售的是空置房，则可以委托可靠的相关人员保管钥匙，看房时间就能比较灵活了。一般您应该注意以下几点：

（1）请将所售房屋打扫干净，给购房者一个整洁的印象；

（2）请在看房当日提供尽可能全面的房屋有关材料和证明，如：身份证、户口簿、房产证、购房协议等。

（3）要了解清楚买方的相关情况，避免风险

若通过中介代理公司，您也需注意：第一，看房过程或在未签订买卖合同前最好不要与购房者交换联系方式（有私下交易造成卖方损失的情况）；第二，请勿与购房者谈论价格问题（以后到公司谈）；第三，看房过程中可以与中介公司经纪人和购房者简单介绍房屋情况。

2. 沟通议价

一般挂牌时的价格会预留一定的议价空间，以便根据实际情况调整。

四、定金、签约与付款

买方对房屋和价格感到满意后,就可以进入实际交易阶段,正式签约前可以收取一定比例的定金,按照相关规定签订房屋买卖合同并备案。

1. 收定金开收条

定金一般占总房款的 1%—3%。无论是否委托中介,都建议自行保管定金,避免资金纠纷,并提供收据。

2. 签订房屋买卖合同

买卖双方带好所需材料自行或者由中介机构安排签订房屋买卖合同。如有委托中介操作,则同时与中介签订居间合同,并约定佣金的支付方式、时间等。房屋买卖合同签订后要送至房地产交易中心备案(备案登记手续)。

3. 收取相关款项

卖方根据合同约定的付款方式和时间收款,并提供收条。一般首付在正式签订合同时收取。在收款与付款上需卖方注意的是:

(1)建议卖方自行保管首付款;

(2)买卖双方根据居间合同约定支付中介费,一般为房款的 1%～3%,买卖双方各承担一半,或双方协商由买方全额承担。

五、交易过户、税费

签订完房屋买卖合同之后,卖方需要提前还清剩余的贷款,并办理注销抵押登记事项,便于买方申请贷款。同时,按照规定缴纳相关税费,凭交费票据才可进行交易过户。二手房过户手续办理大致有以下 6 步:

1. 卖方应准备身份证、户口簿、《房屋所有权证》、《国有土地使用权证》、交易课税评估报告以及买方的身份证明;如卖方有共有人,必须出具房屋共有人同意出售证明,共有人必须签字盖章。

2. 填写权属转移登记申请表和《房屋买卖合同》,向房屋所在地交易所提出申请,交易所审查卖方房屋档案权属是否清晰和买方身份证明。

3. 审核同意后,交易所发放交易转移过户收件单。

4. 凭缴费单,买卖双方缴纳国家税费(契税、交易手续费、土地收益金、印花税、产权登记费)。

5. 持交费票据、买方身份证、过户收件单领取新的《房屋所有权证》。

6. 买方持新《房屋所有权证》和双方签署的《买卖合同》、原《国有土地使用权证》以及契税、土地收益金原始凭证到所在区土地分局办理土地使用权登记,换发新的《国有土地使用权证》。

六、交房

交付物业：您应在合同规定的时间内向买方进行交房，交房的内容主要包括以下5点：

1. 物业是否与合同约定的一致；
2. 物业里的家具等是否已搬空；
3. 物业钥匙是否已交付；
4. 有关物业费用或其他尾款费用是否已结清；
5. 请买方签字，确认交付完成。

第二节　二手房出售你准备好了没有

二手市场上的卖方作为二手房交易中买方的相对面，是已经拥有房产的一方，无论该房产原来用于自住还是用来投资，在交易时，卖方都希望能卖一个好价钱。

角色不同，卖方者在二手房交易中就和买房者利益不同。卖方关注的问题不外乎是：怎么顺利地卖出房产？如何卖个好价钱？

一、交易规则要了解

二手房出售的卖方可分为普通型卖方和投资型卖方。普通型卖方出售二手房时多是以旧换新来改善现有居住条件或筹措资金用于子女教育、父母就医及创办个人企业等为目的，对房产尽快变现的需求更为强烈；投资型卖方出售二手房的目的很明确，即通过低买高卖，获得较大收益。

踏入交易市场之初，面对名目繁杂的二手房交易程序、规则、税费等，一定不要慌张大意，要通过报纸、中介、朋友多了解一下二手房的交易规则与价格趋势，多看意向地区附近的小区楼盘和它们的周边环境，多查看一些政府的发展商的规划建设方面的资料。

目前二手房市场上普通型卖方所占比例为高。一般而言，普通型与投资型卖方相比，对房地产交易的知识的掌握较为薄弱，因此相当需要了解二手房交易各个环节的注意事项，以便在交易过程中保护自身的合法权益。比如对手里房产的性质有准确的认识，确定自己的房产是国家政策允许的可以上市交易的；对二手房买卖法律、法规、政策等的了解。

二手房交易程序繁杂、手续繁琐，涉及较多的专业知识、法律法规，涉及较多的风险环节，通过阅读相关书籍、浏览专业网站、向专业人士咨询，做到心中有数，在交易中就能有的放矢。

二、售房渠道来选择

房主自售时，因自身拥有可掌握的资源不多，需事前规划好有效的促销方法，以免花了大笔广告费，却仍无效果。如果您时间充裕，且有房地产交易经验，其出售方式可有：

自行编制网页，通过亲友作 E-mail 营销，除对房屋状况作明确介绍外，最好还能提供平面图及照片；

1. 在一些网络房产频道发布出售信息，也可上网搜寻个人发布的求购信息，直接联系买家看房；

2. 刊登报纸或网络分类广告；

3. 透过亲朋好友直销，把您卖房的信息告诉您的亲戚朋友，让大家帮您留意；

4. 在社区公告栏中张贴出售广告；

5. 请物业公司帮忙推销；

6. 委托经纪公司代找等等。

选择售房渠道时需综合考虑"时间"、"价格"、"营销管理"三个要素。若您是忙碌的上班族，没有时间自己做广告、"带看"介绍，对房地产价格谈判能力相对不足，那通过中介公司销售将是最有效率的方法。

中介公司有现成买方，寻找买方能力强，加上销售通路广，又有相关的安全与咨询措施，因此委托好的经纪公司卖方成交机会较大，也较省力。另外，专业中介公司价格撮合能力较强，客户掌握能力也强，卖出价格可能也比自售要高一些。如自己利用时间来销售房屋，由于客源有限，也不懂得把握买方心理，销售期容易拉长，再加上大多数房主也没有防范交易纠纷的经验，更容易造成一些意想不到的麻烦。

虽然选择中介是各种售房渠道中最省时省力的方法，但是在售房过程中也存在不少风险，比如说诈骗的黑中介，吃差价乱收费的不法中介等，所以售房者在选择中介时一定要注意防范由中介公司所带来的一些风险。

三、售房成本细估算

卖房前要估算好售房成本，才能正确地对房屋进行估价并不至于高估了售房所得。

1. 各种税费。例如营业税、个人所得税、印花税等等。根据国家政策规定所售房屋的不同年限和面积，算清楚具体缴纳多少。

2. 房屋交接前各项杂费支出。在交房前应该缴清的费用有水电气费、物业管理费、供暖费等。

3. 销售费用：委托中介费或自售时发生的广告费，例如刊登分类广告支付的广告费，接咨询电话的成本等。

4. 美容房屋的小额投资：如墙壁粉刷、更换地板、漏水或电线管路整修、空房清洁等。

5. 带看房屋的成本费，如果您不在出售房屋的附近，每天一趟趟带买家看房的交通费也是一笔不小的开支。

6. 如果贷款没有还清，还有剩余贷款金额，要向贷款银行查询未到期的贷款额度。若有多期欠缴的情形，也需将滞纳金及违约金等一起询问清楚。

四、心平气和报房价

在登记或介绍信息时，一定要真实详细地说明房屋情况，不可过分夸大、渲染物业的优点，也不可回避明显缺点，少走弯路，实现快速成交；另外必须结合市场行情合理定价，过高不利于快速成交，过低会带来不必要的经济损失。

虽然现在二手房市场是卖方市场，但叫价也要合乎市场行情，以免房屋长期搁置，卖不出去。所以在报价的时候一定要心平气和，客观地估计自己物业的价格。如果不放心，可以多跑几家中介去问问，然后综合一下报价。需要指出的是，一般而言同一套物业大型中介的报价往往相对小中介较低（对于卖方），其中不乏一些小中介为了招揽房源虚抬报价，因而切忌一味追求高报价而盲目寻找中介。

第三节　二手房出售时机

房子售出时机的不一样，可能会造成实际收益的增加或减少，因此有了卖房的念头时，应该多了解一下目前市场行情的状况。

据来自北京市房地产交易管理网的 2009 年 8 月的数据显示，7 月份北京共成交现房商品住宅 4207 套，期房商品住宅销售套数为 12840 套，其中除经济适用房和两限房外的期房商品住宅签约套数为 10862 套，日均 350 套，较 6 月份日均 385 套下跌 9.1%。

而二手房市场表现明显优于新房，数据显示，北京二手房成交量达到 26110 套，环比上涨 9% 左右，较年初上涨近 2.4 倍。而央行此前发布的数据显示，上半年个人二手房贷款余额 525.4 亿元，同比增长 139.6%。

一、房子该不该卖

房地产商品化市场自 1998 年开放以来，发展非常快，二手房的成交量每年都在以翻倍的速度增长，房价也是节节攀高，二手房交易量更因供求比例的严重失衡而长势凶猛。

2005 年国家出台了一系列宏观调控政策，其中建设部等七部委发布的《关于做好稳定住房价格工作的意见》，其力度之大，被舆论形象地称作政府宏观调控的组合拳。政府旨在稳定房价，打击房地产过热的投机行为，这些政策的出台对房地产市场产生了重要的影响。在政策实施的前半个月内，上海北京等房产交易较热的城市，引发了房屋抛售潮。卖家，尤其是以银行贷款作杠杆的短线投资者，心理底线到了最低点，卖与不卖，是抛是留一下子还真难坏了"有产阶段"。

那么卖房时机如何判断呢？其实市场行情影响只能是一个方面，关键还是应该个人的需求与理财规划作考虑。下面情况就可以考虑售房或换新房子了：

1. 得知政府要对房产交易征收更高的税费或银行要加息时，想利用免征或优惠期间出售，以节省税赋支出。

2. 当您的租金收入无法抵付房贷支出，不能达到以房养房时。

3. 预计房地产将持续下跌，而您手中房产为闲房且持有成本过高时。

4. 当您碰到财务调度压力，且不太需要用房子时。

5. 当您预期卖房所得的资金可换取更高报酬率的理财项目时。

6. 当您预期售房所得有着较高的回报率时。

7. 当您想让孩子就读更好的学校时，那家只能通过置业到名校周边，并办理户口迁移的办法来实现。

8. 当家里增添了新人口，家里的生活空间已经不够用。例如结婚、生子、或是打算与父母同住。

9. 交通不便通勤成本高、地段不佳生活机能差等对现在住房不满的时候。

10. 房屋太旧，急需改善生活质量时。

二、判断适宜的售房时机

随着征税、加息等政策的不断出台,房产持有的风险被人们开始重视起来。有房待售的房主们在惜售与抛售之间徘徊,在房价看涨与看跌的议论中被束缚了手脚,似乎难以把握住最佳的出售时机。可这个出售时机又怎么来把握呢?专家认为,判断正确的出售时机,需要从四个方面考虑:

1. 明确自己的售房动机

个人的出售动机,对房产的出售时机有重要影响。出售动机归纳来看,一般有以下几种:

一是卖旧买新。这时出售动机就取决于购买新房的时间周期,一般属于刚性卖房。

二是资金周转。比如生意上出现了资金缺口,这时卖房并不一定是最佳选择,还可以权衡分析选择其他房产融资形式,如按揭、循环贷等。

三是投资转向。如从楼市退出,进入股市。这时,应对两种投资市场,先做出投资回报的预期和风险分析,再判断卖房时机。

2. 市场波动规律可做借鉴

每年的十月份都是二手房市场火热的时期,"金九银十"的说法便由此而来,这个时候,各个公司都加大了推广力度,营造促销热潮,促使观望了大半年的购房人群很有可能会失去耐性而做出购房计划,这个时候的二手房交易量和交易价格都很有可能达到一年中的最高点。另一方面,每当一项宏观调控政策出台之后,买房者都会保持敏感的反映,例如银行即将公布加息消息,购房需求在短期内可能会有所下降,这个时候也就不是房屋出售的最佳时机。

3. 时时关注二手房动态

要时刻关注二手房的动态和走势,这就像股票大盘一样,作为买进、卖出的一种预测指标。一般包括有这样一些关键内容:二手房价格的走势、二手房潜在存量和放量、购买需求量、供需比例、二手房的成交量和成交价格、热点户型和热点区域等等。把握这些情况,可帮助房主判断出自己的房子所处的有利形势和不利形势,进而可以据此判断适宜的出售时机。对于这些信息的采集,可以查询专业的房地产网站,一些房地产服务机构也定期发布二手房动态报告,消费者可以登录查询。

4. 了解宏观市场动态与趋势

这里指的宏观市场动态是站在整个房地产市场的角度,对各种可能会影响到二手房需求和出售的潜在或间接的因素进行收集和分析。

例如：物权法的颁布是否会对二手房购买人群的积极性产生影响？90平方米70%的原则对自己房屋的户型的出售是否会带来影响？银行的再次加息，对购房者又会产生什么样的作用？限价房的即将推出，对二手房价格能否产生压制作用？物业税的即将增收是否会造成房主的抛售？国家近期还将有何政策出台等等？类似的房产动态很多，对房主出售时机都会产生或多或少的影响。

另外，市场研究中心对这些市场动态也在进行实时的监测与分析，使得理房规划师们在为房主进行出售咨询和服务时，能够提供更为实用的参考。

5. 兼听则明、偏信则暗

如果您个人力量有限，最好还是多找几家专业房产机构进行咨询，针对在房产出售方面特别创新出一套成熟的置业指导方法，通过卖房评估与分析，可以做到"君臣佐使、对症下药"，让您房子卖得如意，得到最优化的收益。

三、该出手时就出手

这几年房价一路上涨，积累了不少投资者购买的以转售盈利为主要目的二手房。虽然有相当一部分投资者准备长期持有这些房产以出租获得回报。但目前市场的租金收入大大低于与房价相适应的合理租金水平，房价又处于跌势，因此大批的投资者希望尽快将手中的房子出手。从北京2009年3月二手房交易量首次超过新房销量的事实就可看出其存量之巨。二手房交易的高涨夺走了相当数量的潜在新房买主。而目前国家对二手房交易的优惠利率政策是暂定一年。因此，虽说不知2009年要交易的二手房上市量究竟有多少，但临近年底时，肯定是个交易的小高潮。

对于(2009年)二手房交易量明显上升，专业人士提醒二手房业主"趁热打铁，该出手时就出手"。

首先，从政策方面看，已购公房上市取消审批手续、取消原单位参与收益分成、降低土地出让金等利好消息，为二手房买卖营造了良好的交易环境。

其次，从价格方面看，现在出手能获得一个理想的价位。由于商品房转按揭业务的开展尚处于起步阶段，"跨行转按揭"业务缺乏可操作性，使得按揭中的商品房短期内不会大量涌入二手房市场，因而近期内暂不会对二手房房价造成巨大冲击。将来，随着转按揭业务的开展，二手商品房源在市场上的大量涌入，二手房价肯定有相当幅度的下降。

第三，从租赁的角度看，近几年北京市房屋出租价格稳中有降。未来一个时期，随着小户型、中低档公寓、学生公寓的开发上市，相当一批租房者会被分流，房屋出租价格整体上仍会下降。因此，与出租房屋、细水长流的获得收益相比，出售二手房显然更划算。

第四，从需求方面看，广大中低收入阶层和拆迁户已经认识到了二手房价格低、地段好、交通便利、社区成熟、配套齐全、不存在期房风险等众多优点，形成了一个日趋稳定的购买群体。因此，现在出售二手房，能在短期内顺利成交，获得价款。

所以这个时候卖二手房，可谓是"天赐良机"。

第四节　二手房如何卖个好价钱

二手房成交依旧火热，但由于二手房业主定价时缺乏参考标准，导致房屋标价过高，影响了交易成功率，标价过高导致好房不好卖。

一、一房一价

世界上没有两个完全一样的房地产，也没有两个完全一样的住宅。相对于商品房，二手房交易是零星进行的，不存在大量交易。况且二手房建筑结构、户型平面布局以及面积大小、采用建筑材料、建筑设备等又有很大差异，甚至有些交易的二手房与现行的建筑标准也存在很大差异，因此，二手房价格是一个房一个价，这就给二手房买卖双方如何定价带来了困难。

另外，二手房交易的双方不可能在很短的时间内掌握房地产的真实特性。而房地产价格受到多个方面的影响，比如物业类型、结构、层次、朝向、室内净高、开间跨度、建造年代、权属、地段等级、面积、房型、采光、厨卫大小、建筑质量、电梯数量和品牌、外立面造型、物业内外部装修以及物业所处外部环境、绿化、人文、交通、商业服务设施、基础设施、居住人气、小区容积率、区域规划，甚至门窗的大小、环境、基础设施、公共配套设施、利率水平、政府政策等等。这些都只有那些专门从事房地产价格评估的专业机构以及专业人员，通过长期的知识和经验的积累，对市场以及交易的对象有一个正确的把握。

房价与市场供求关系有很大关联，市场供多价低，求多价高。没有卖不出去的房子，只有卖不出去的价格。屋主在定价时往往容易陷入当时购入成本与长期居住情感投入的迷失，致使开价过高，在错失良机后才愿意大幅让价。定价时，务必要坚守"尊重市场因素，认清现实，去除情感因素"的原则。

二、价格有规可循

随着二手房市场日趋活跃，二手房价格越来越引起人们的关注，由于买卖双方的角度不同，心态各异，卖方总喜欢拿同地区商品房来类比，开价与商品房差价不大。而买方总强调一个"旧"字，把它贬得一钱不值。因此，二手房价格也就变成了雾里看花，其实，只要真正站在市场的角度，以房屋的市场价值为基础，以供求关系为参考，具体分析测算，二手房的价格还是有规律可循的。

一般来说，二手房估价遵循三个步骤：第一步，搜集交易实例。第二步，进行交易修正。第三步，求取比准价格。

1. 掌握市场行情

卖房子的第一步就是掌握市场行情，评估合理售价，方法有：

（1）向附近邻居打听近期房子的出售价格。

（2）委托多家经纪公司进行估价，并向其咨询近期三个月的市场成交行情。

（3）从报纸杂志比较与自家邻近的房屋售价。

（4）分别以买方身份（价格通常较高）、卖方身份（通常较低）向经纪公司询价。

一般来讲，同一个小区内的二手房由于交通、配套条件相同，可以参照最近的成交记录进行定价。但是定价时，还应考虑楼层、朝向、面积、户型、景观，甚至一些特殊因素。可利用市场比较法进行估价。将估价对象与在估价时近期有过交易的类似房地产进行比较，对这些类似房地产的成交价格做适当的修正，以此估算估价对象的客观合理价格或价值的方法。在市场比较法估价中，需要对交易情况、交易日期、房地产状况进行修正。

2. 进行交易修正

在二手房价格的测算上，即对对比房屋价格基础上进行修正，要抓住以下四大因素：

（1）房屋因素。

首先，房屋竣工后即进入折旧期。按照理论折旧率，混合一等结构房屋折旧期限为50年，每年折旧率为2%。其次，旧房的套型落后，使用不便，功能陈旧，在这方面是无法和新建商品房相比的。此外,朝向、楼层等自然状况,也会对价格产生一些影响。

(2) 环境因素

环境因素比较复杂,既有自然环境,也有社会环境,既有大环境,也有小环境。在同一地段,旧房的小区环境是无法和新建商品房类比的。比如小区平面布局、设施、绿化,甚至房屋的外观造型等,旧房都要大打折扣的。再如社会环境,在同一土地级别地区,有些地区适合经商,有的地区则适宜居住。此外,该地区的居民结构、文化氛围、配套建设及中小学区,都会对房屋价格产生较大的影响。

(3) 交通条件

在物业附近有公交线路及地铁或城铁,步行几分钟就可到到公交站点,都是对房屋价格产生较大的加分因素。

(4) 心理因素

如果不是在价格上有大的诱惑力或其他特殊需要,人们是不愿意买旧房居住的,新、旧房价相差不大,人们对旧房的心理障碍就无法逾越。

3. 求取比准价格

综上所述,我们试着这样来测算二手房价格,以同地区商品房价格为基准:

(1) 屋因素:

1) 折旧:年折旧,-2%;

2) 套型:"三小"套型(小厅、小厨、小卫)-10%;

3) 楼层:2、6楼 -3%;7楼 -5%;3、4楼 +3%;1、5楼为基准价;若是楼顶另 -5%;

4) 朝向:无朝南外门窗 -5%;

……

(2) 环境因素:

1) 无物业管理 -5%;

2) 非独立封闭小区 -5%;

3) 省、市重点中小学区 +15%;

……

(3) 交通条件:

附近有多条公交线路及地铁或城铁,步行 5 分钟左右即可到达公交站点 3%;

……

(4) 心理因素:-8%

> **温馨提示——市场比较法确定二手房价格**
>
> 房屋坐落：某小区一小套住宅，建筑面积51平方米；
>
> 土地级别：二级地区；房屋结构：混合一等；
>
> 套型："三小"套型 -10%；
>
> 建筑年代：1997年，折旧期12年为 -（12×2%）=24%；
>
> 层：共七层，此房位于二楼 -3%；
>
> 朝向：南北； 物业管理：非小区、无物业管理 -10%，
>
> 学区：重点中小学 +15%；心理因素：-8%
>
> 当地商品房价格为25000元/平方米，25000-（25000×24% +25000×10% +25000×3% +25000×10% +25000×8% -25000×15%）=15000元/平方米。
>
> 此套房屋总价约为51×15000元 = 76.5万元。

三、不妨借"脑"中介机构

上面介绍了那么多的方法，但是具体到卖方在售房时还是要问：到底我的房子该卖多少钱才合理？到底怎样才能使房子卖出一个更好的价钱？当然最好还是要借助专业机构。要使自己的二手房出手快，而且卖到一个好价钱，一定要多看多听多问，尤其是多问，问专业的人士。

售房之前，首先要了解市场的情况，这时候，可以到几家中介公司看看与自己房子相似的房源。此外，还可以向自己身边的朋友和同事了解市场的行情，知道自己的房子大概处在什么价位。一般二手中介公司都会对放盘的业主提供最近2-3个月相近房源的交易情况，另外还会把正在放盘的类似房源的价格给业主参考，这样业主能够大概了解自己的房子处于什么样的价位。

许多放盘的业主其实对市场情况并不太了解，仅凭直觉和自己所了解到的一些情况对放盘的房子定价。这样有时会对市场的情况把握有所偏差，可能会对房子的合理定价造成一定的影响。因此，找一个专业的、正规的二手中介，由有

经验的经纪人给自己一些意见是有必要的，因为毕竟经纪人所接触的房源，对市场情况的掌握和销售经验都比业主丰富，给出的意见会有相当的参考价值。一般有些经验丰富的经纪人对房子的估值已与专业的房地产机构评估的价格相差无几了。所以，找专业的中介机构，听取有经验的经纪人给自己的放盘建议，再结合自己的实际情况来放盘，比起自己盲目估计，会更容易为将出售的房子定一个合理的价格，为市场所接受。

另外，有些业主卖房是为了以旧换新。这时，也可以咨询相关人士的意见，为自己计算一下交易成本，考虑房子出售以后是否能够为自己购买下一套房奠定基础，否则，房子一旦售出，后悔也来不及了。

第十一章　二手房出售技巧

第一节　选择中介售房

虽然随着二手房市场的日渐发展，中介交易正在一步步走向规范，但目前现实存在的种种交易纠纷还是令卖房者和购房者不胜其烦。

专家建议售房者：最好将房屋委托给比较大的品牌房产中介公司，除了能够保证比较多的客源外，最重要的是能够保证交易的安全性，避免带来后顾之忧。另外，有信誉的中介公司品牌有时还能提升物业的售价，对于讲究购房安全性的购房者来说，由于有大公司做担保，即使遭遇房价偏高的现象有时也能够接受。

一、一分价钱一分货

有一些"精明"的卖房者通过中介与购房者碰头后，为了省却一笔中介费，就会"跳过"中介与购房者直接进行交易。专家认为，这一方面是卖房客户有违诚信的表现，另一方面也增大了交易的风险，有时反而还会降低交易的效率。因为品牌中介公司具备人才、专业知识等各方面的优势，能在一定程度上避免二手房交易可能出现的纠纷。而跳过中介自行交易的做法，同样会遇到一些问题。原因很清楚：市场从来都是价质相符，所谓"一分价钱一分货"，费用低或避免费用同时也就意味着存在服务或其他方面的差距。

二手房交易是一个烦琐的过程、需要许多的证明和手续。一旦跳过中介，买卖双方就必须亲自去处理这些事务，将消耗极大的精力和时间，反而会降低交易的效率。因此，对买卖双方来说，无论采取哪种做法，都可能会带来一些不必要的麻烦，从而造成一些本来可以避免的损失。无论买方或是卖方，损失一旦造成，很难弥补。

二、和中介签约需注意

如果二手房的卖房者选择委托中介公司代理出售，应该与中介公司签订书面协议。各中介公司一般都拥有自己的格式合同，卖房者逐条阅读合同，根据自己

的实际情况对格式合同进行修改和补充,下面是与中介签订合同需注意的事项:

1. 选择代理方式

目前委托中介销售二手房一般有两种方式:独家代理方式和一般方式。选取独家代理方式的客户不应当将同一套房源委托给另一家中介;而一般方式可将同一套房源同时委托几家中介代理销售。比较大的公司一般都倾向于同客户签署独家代理合同,小型中介则比较倾向于一般合同。两种方式各有利弊:一般而言,独家代理合同更能保证交易的安全性,中介公司会在有限的时间内积极推荐独家代理的房源,有利于提升房屋的售价;一般合同则能提供更多的客源,促成交易的早日成交,但在交易过程中可能会存在一定的风险。

2. 代理有效期宜短不宜长

如果签了一份独家代理合同,但是房子迟迟不能脱手怎么办?这就需要在签订合同的时候约定一个有效期,在有效期内未能达成交易就可以自动解除合同。有效期定多久比较好呢?专家认为,代理有效期的时间宜短不宜长,一般以一个月为宜。因为如果一个月内房子未能脱手,但你对中介公司的服务还比较满意,还可以选择续约,中介公司一般也愿意。如果签了三个月或者半年的话,就只能被"套牢"了。

3. 不能签"到手价"

据一些中介公司反映,许多客户在委托他们卖房的时候由于嫌合同上各款项细则太过麻烦,要求只与公司签一个"到手价",即直接到手的钱有多少签多少。对此,中介公司颇感为难,因为只同客户签"到手价"属于中介公司违规操作行为。

二手房交易过程中,除了房屋本身的房款外,还涉及契税、交易手续费、中介费等多笔费用。如果只签一个"到手价",必然给中介留下很大的操作空间。碰到一些不法中介的话,等于制造了"暗箱操作"的温床,最后受到损失的还是交易买卖双方。

因而专家建议,签约过程中,一定要把各款项弄清楚,千万不要只签一个"到手价"。

二手房交易是一个十分复杂的过程,牵涉到二手房的评估、各种手续以及各种费用,不是行外人很快就能掌握的。因此建议如果不是很精通二手房交易的话,还是委托正规的品牌中介比较稳当,中介会全权办理二手房交易中的复杂手续,买卖双方一般只要在合同上签字就可以了。

> **温馨提示——为什么要选择品牌中介**
>
> 　　第一，品牌中介能够保证比较多的客源。
>
> 　　第二，有信誉的品牌中介公司还能提升物业的售价。
>
> 　　第三，最重要的是品牌中介能够保证交易的安全性，避免带来后顾之忧。
>
> 　　品牌中介公司具备人才、专业知识等各方面的优势，能在一定程度上避免二手房交易可能出现的纠纷。而跳过中介自行交易的做法，同样会遇到一些问题。原因很清楚：市场从来都是价质相符，所谓"一分价钱一分货"，费用低或避免费用同时也就意味着存在服务或其他方面的差距。

第二节　让买房人一见钟情

作为房主，为了能让房子顺利出手并能卖上一个好价格，就要动动脑子想想招了，如何让买房人对您的房子一见钟情呢？

一、好印象是成功的一半

"第一印象"相当重要，好的"第一印象"是成功的一半。所以房屋给买家的第一感觉非常重要，直接影响卖房机会与卖出的价格，因此，房屋出售前最好能客观地以买房人的角度来检视自己的房子，才能卖得较好的价钱。买方往往在最初的15秒内就已形成了对房屋的初步印象。

无论您的房子有没有人住过，在打算出售前都应将室内地面做一番清洁，有系统地整理、清洁，并把堆放在阳台或院里的杂物打包清出，将室内外清理干净，调整摆设。总而言之，即使不重新装修，也该以整齐清洁的面貌争取买方好印象。将容易产生不佳印象的部分作事前处理及解决：如渗漏水等。

在带客户看房时，如发现房屋外墙斑驳脱落，花园杂草丛生，过道上堆满杂物和垃圾，客户一定会产生一种破旧感。因此，粉白外墙、打扫走道、置换破碎的玻璃窗是要做的第一步。

二、让人"感觉在家"

在预算许可情况下，如果可以稍微花些费用进行内部装修，将墙体重新刷涂，适度调整灯光，在客厅、房间布置漂亮的饰物，给人以舒适清新感，都可让旧房的价值大幅提升。除此之外，如能换上新窗帘或在室内空旷处摆置大型盆栽、增加挂画等，更能给环境注入一股新气象，让买家一下子恋上您的房。

当客户进入房屋内部，通常会想象生活在里面会是什么样的，若能创造房屋由他人主宰的感觉，一定会提升买方"感觉在家"的想象力。可以在入口的玄关处放上一块干净的踏脚布；将零乱的鞋类一律请进鞋箱；擦亮地板、打上一层聚氨酯，让它光亮如新；修补墙纸的裂缝、墙漆的剥落。另外，让买方感到舒适也很重要：要检查门窗的开关是否自如，房间内的灯具是否良好；将该修的开关修好，该换的灯泡换掉。别忘了在客户看房时打开所有的照明，放上柔和的音乐，再喷一些柠檬气味的香水，这样会产生不同凡响的效果。

想使房屋提升价格，对房屋进行一些简单整修是必要的，但前提是房屋整修前应先估算可接受的装修费用。也可针对房屋重点老旧的部位进行装修，营造一个适宜居家的环境，以简洁为主，不用大动手术，因为一般人买了房子都喜欢按自己的风格重新装修。所以对于年代较久的房屋，售前花些心思整理必不可少，但需把握程度，不可投入太多资金，以免得不偿失。

三、细节问题也留意

厨房卫生间浴室等是买方最为关注的区域之一。

若厨房显得陈旧了，可使用家具清洁上光剂进行修光，这样看上去比较新，而且所花的成本也不高。请将工作台面上零碎的厨房用具和配件移入橱柜内，以创造整洁的外观；工作台面若有缺口或损坏，应加以修理；检查煤气灶台、抽油烟机以及水龙头的使用状况是否正常，因为这些同样都是买方的留意所在。

目前，浴室已在功能性上有着重要的转化，好的布置会产生激动人心的效果。在浴室的美化上你可以有很多方法改进不足：擦亮浴室内的玻璃镜、淋浴门、浴缸、洗脸盆和水龙头；将梳妆台上的个人护理用品移到视线之外；在空的地方放上一瓶鲜花加以点缀；在浴巾架上整齐地挂放毛巾和浴巾。如果可以的话，请把旧的厕所坐垫换成橡木的或换上新的坐垫套。

经过这样一番对细节的处理，一定能大大提高房屋的可售性，由于在修饰中花了费用，当然也会加大售价的话语权。

第三节　安全出售二手房

虽然相较于买方，卖房者因对自己的房产比较了解、具有较多信息优势，因而所面临的风险较小。但是在二手房市场上卖方也会因为程序复杂、交易繁琐而碰到各种各样的问题。

一、交钥匙要谨慎

交钥匙要谨慎，许多二手房房主同中介公司签订了合同后，为了避免一次次看房的麻烦，将自己的钥匙交给中介公司。专家提醒，二手房交易中，交钥匙还需谨慎。

许多中介公司也并不主张屋主交钥匙的做法。虽然交钥匙方便了中介公司看房，但是，万一发生失窃等意外情况，责任归属问题就十分麻烦。因此，许多大型中介对交钥匙也保持了谨慎态度。屋主要交钥匙的话，房屋最好是空房、经纪人最好也是比较熟悉的。否则，最好还是自己保留钥匙，想不影响工作的话，还是约在晚上看房比较好。

二、上下家当面谈合同

即使是通过品牌中介公司交易，也不能完全排除个别素质不高的业务员从中做手脚。因此，在达成交易意向后，买卖双方要对交易中应发生的税费有所了解，具体可到房产交易部门咨询，这样可以防止少数业务员或中介公司借各种名目乱收费。

在交易过程中，上下家不要擅自与业务员签订买卖协议，避免业务员将公司业务转化为个人业务，使得上下家无法享受中介公司的担保。在签订二手房买卖合同时，买卖双方一定要当面谈好房价、过户时间等条款，不能由中介公司越俎代庖，如此才可以杜绝被赚差价的情况发生。

三、买卖合同要详尽

买方与卖方签订的房屋买卖合同，这可谓是双方最重要的一份合同，买卖双方的具体权利与义务，都应在这份合同中体现出来。因此，买卖双方在签订此协议之前,要进行充分的协调,条款尽量详细、具体、明确,以便于合同能够具有可操作性。购房合同中有 10 项内容至关重要,必须列明:

1. 转让当事人的姓名或者名称、住所;
2. 房地产的坐落地点、面积;
3. 土地所有权性质及该房屋是否可以上市交易;
4. 代理公司权利和义务及违约责任;
5. 房屋的平面布局、结构、建筑质量、装饰标准及附属设施、配套设施等状况;
6. 二手房转让的价格、支付方式和期限;
7. 二手房交付日期;
8. 双方的违约责任;
9. 争议的解决方式;
10. 转让当时约定的其他事项。

四、合同细节讲清楚

一些经纪人反映,有时买卖双方在成交入住后仍会有纠纷。这些纠纷主要集中在一些细节问题上,诸如维修基金、有线电视费、电话费等后续物业交接手续等。由于买卖双方缺乏房屋交易的经验,在交易过程中往往比较注意房款、中介费等比较大的费用,但在某些细节问题上则不甚关注。如果这些细节问题在签订合同前就事先约定好,就不会产生这些"后遗症"了。

五、不要轻易提前交房

不要轻易提前交房,在交易过程中,有些购房者可能会提出各种理由要求在办妥过户手续前入住。专家提醒,即使签了购房合同,在过户手续没有办妥之前,对于提前交房的要求屋主还需思量。虽然现在办理产权过户的时间已经大大缩短,但是仍需要 15 天左右的时间,在这段时间里还是有可能产生一些纠纷。纠纷发生后,由于现行法律以"保护现居住者"的权益优先,因此可能会给屋主带来一些不必要的损失。

第四节 二手房出售案例分析

一、中介吃差价、作阴阳合同

2003 年,业主李某通过一中介公司卖了一套已购公房,后又买了一套商品房,按照税收优惠政策，一年中卖掉已购入商品房的业主可凭买卖合同到地税局办理退税。当时他卖公房的时候，并没有去房地局，都是由中介代办的，而事后，中介也没有将盖有"已过户"章的《北京市房屋买卖合同》给他。于是他向中介索取，而此中介的档案管理员是新入职员工，自然不知情，将业主的档案调出，业主一看就糊涂了，自己明明是38万卖的房子，怎么合同上却只写32万呢？经过与中介交涉，中介不得不坦白是为了避税才伪造合同的，为了不把差价之事再暴露出来，黑中介巧言道，"这份合同价低些，买方才能少缴税，人家才愿意买这套房子的"，李某一想，这倒也说得过去，就没再多追究下去。但是中介公司牟取利润之黑心，却让他深有感触。事实上中介公司在给买家算全包价的时候，却是按实际售价40万为其计算的各项税费，也就是说，中介在税费上又赚了2000块左右。

业主在委托中介出售物业时，尽量委托大型的品牌中介公司代理，品牌中介公司已有一套完善的监管制度，保证业主与客人、中介公司在公平、公正的情况下进行房屋交易。如果业主不小心掉进了差价的陷阱时，应该采取正当的法律手段维护自己的权益。

二、抓紧时机，果断出售

中国人讲究"安居乐业"。房地产具有保值、增值、抵押的特性，一般来说价格不会像黄金、股票那样经常出现剧烈的波动。从事房地产投资，只要用心去做，你会大获全胜。

丁先生闻讯汕头市东区将规划成为第二市中心时，他筹集了18万元，买下此区一处60平方米的旧房。随后，他又花了2万多元对旧房进行了维修，并安装了电话。一间不起眼的旧屋，顿时焕然一新。两年后，当繁华的街区形成之际，丁生以42万元卖给了一家商行，丁生净赚22万元。现在，附近又建起了世贸大厦高层建筑，房地产随着区域位置而升值，那家商行又以60万元的售价转让给了另一家公司。半年时间，那家商行净赚18万元。

丁生的成功在于，房地产的增值与否与地段有着密不可分的关系。荒野草地本不具什么地段价值，一旦将成为有前景的风水宝地之时，就要抓紧时机，果断出手。待区域一旦形成，"丑小鸭"就变成了"白天鹅"。

三、修饰一新成宝玉

一套位于市郊的房屋，房子后半部布置着厨房、卫生间和卧室，前面客厅的大窗开向阳台。屋内满是灰尘污垢，玻璃窗被风吹雨打破乱不堪；房屋周围杂草、灌木丛生。房主老林以保本销售，四年未能出手。无奈，只好委托房地产经纪人肖某帮他寻找买房的客户。

肖某建议老林，索性再花点钱修修它，创造一些环境气氛，或许还很有卖相呢！

于是，老林请来专业人员，把厨房和卫生间换上较好的设备，室内全部粉饰一新，并铺上木质地板，还在室内适当的位置点缀了盆栽植物；阳台上种了一圈天竺葵，并配置了一套黄色帆布躺椅和小桌……不但绿化了周围的环境，还采用各色大理石破块，铺了一条冰纹样的通向门口的小径，把个棚屋似的旧房，打扮成了具有优美环境、别墅样儿的新屋。

一切准备就绪，肖某把广告登在本市的晚报上，一时问津者络绎不绝，简直成了块通灵宝玉。结果，老林以净赚5.8万元卸掉了包袱。

老林的经验在于挖掘自己的优势。如今城市人满为患，郊区楼市看好。老林的房屋虽破，却有市区所不具的宽广的环境。修饰一新时，理所当然地成为抢手货了。

四、轻信他人，房产证交于骗子

2004年5月，杨先生将自己的房子在各大中介挂牌出售，因为房子位于人民大学附近，此地区二手房源极其紧俏。挂牌当天，杨先生的电话便成了热线，家电和手机此起彼伏，当天杨先生家里也成了热门景点，中介带的客户是一批又一批。

晚上的时候，总算静下来了，却又来了一男一女。自称王某某的先生说，白天看完房觉得较满意，所以晚上带夫人看看，如果满意可以考虑定下来。杨先生热情接待了两位，待这位女士环视了一圈后，与王某嘀咕了一会儿后，王某便对杨先生说："我老婆也比较满意，但是我们不想回去找那家中介公司，现在中介骗人的挺多，不如我们直接交易好了，我们一起去房地局办理过户手续。你我都可省些中介费，我还可以将我的那中介费折半两千块给你。另外，可以先付10万首付给你，但是要让我们先入住，因为我们现在是租的房子，房租期限快到，再交要交一年房租，实在不划算。"杨先生一听，觉得自己可以先拿到10万快，又挺划算，连声答应。

于是当晚两人从网上下载了买卖合同，签订了契约。第二天王某将10万元人民币给杨先生，而杨先生将产权证、房屋钥匙交给王某，自己搬往位于郊县的新房子，王某称自己的户头是死期存折，再有10天就到期了，10天后双方去房地局过户，过户当天支付余款。

谁知道，10天后，当杨先生到房子里找王某男子过户时，却发现房子住的并不是王某。杨先生很奇怪，问其故，结果让他再吃一惊。对方称，房子是他花了40多万元买的。并出具了新的户口本、房产证及一份业主委托公证书的复印件，杨先生看完脑子嗡的一声，晕了过去，没想到电影里的情景居然在自己身上得到了"验证"。

作为业主，在进行房屋租赁、买卖的过程中一定不要轻信生人，最安全的办法就是请一家大型正规资质的中介办理钱款及房屋过户交接事宜，这就像买保险一样，没有发生意外的时候，总觉多余，一旦发生风险才后悔莫及。

作为房主，在出租或出售过程中，一要保护好自己的证件，证件原件不可轻易给别人经手；二要保护好自己的房子，没有拿到全部售房款，没有办理完过户手续，房子不可轻易交接。

证件原件不可轻易给别人经手！！！

五、贷款申请被拒

吴小姐和金先生约定以40万元总价成交金先生在北苑路上的一套住宅，吴小姐以最低的首付支付8万元给金先生，其余32万元按揭贷款，双方到产权部门办理了过户手续。吴小姐以过户后的产权证为抵押向银行申请，但银行却拒绝了吴小姐的抵押申请，两人都没有料到好端端的一宗买卖会泡汤。但房产已过户到吴小姐的名下，业主虽后悔没考虑到买家高额贷款的风险，但现在已是生米做成熟饭，只好等着吴小姐慢慢还清欠款。

在二手房按揭中，出现最多的问题就是借款人的贷款申请被银行拒绝，导致交易不能完成，给双方造成一定的经济损失。一般情况下，办理二手房按揭，交易双方应该在办理过户手续之前就申请为宜，而在办理过户手续之后再申请，会造成由银行拒绝申请而交易不成的危险。

六、承租人的优先购买权

秦老先生拥有的一套商品房，是位于本市市中心的高档物业，其附带月租金为1万元的高额租约，房客蒋先生是沪某律师事务所的执业律师。

今年3月，经亲戚介绍，秦老先生将该物业以130万元的价格出售给了顾小姐。当双方去房地产交易中心办理了产权过户手续、取得了以顾小姐为所有权人的新产权证后，顾小姐付清了全额房价款。可是，双方到该物业现场办理房屋交接手续时，房客蒋先生突然提出，由于秦老先生在出售该物业时并未征询他是否要购买的意见，侵犯了他作为房客的优先购买权。

蒋律师表示，他愿意以同等的条件购买该物业。但是，由于秦老先生与顾小姐的房屋交易已经完成，也就是说该物业已经易主，秦老先生虽然感到非常抱歉，却也表示无能为力。随后，蒋律师就一纸诉状，将秦老先生告上了法庭。

房主在准备出售已出租房屋时，一定要提前三个月书面通知租赁房屋房客，并在通知中将欲出售房屋的总价款、房款支付方式及期限等主要交易条件写明，明确告知房客。房主应将以上证据保存好，以防止房客以未通知或未按规定期限通知而侵犯其优先购买权为由，主张房主与他人的房屋买卖行为无效；再有，如房客表示不购买该租赁房屋的，应要求其写下承诺书，明确放弃优先购买权，以防止其反悔而再主张优先购买权。

温馨提示——破除租客优先购买权方法

一、在与租客签订的租赁合同（租约）中写入租客放弃同等条件下优先购买权的条款；

二、其租赁合同（租约）中没有约定，则应当在房屋买卖之前，另行取得租客签署的放弃同等条件下优先购买的书面证明，这在实务中称为"切结书"；

三、若前述两点都无法做到，则应当按照法律规定，在出售前三个月通知租客，若租客无异议，则视为放弃；

四、卖房前解除租赁合同，承担一定的违约责任，但能够解除租客的承租人身份，破除其优先购买权。

第三部分
租房篇
THREE

相对于房东，房客在租房市场中受到的不法侵害更多一些，本篇是以房客的角度来叙述如何租房和在租房过程中如何避免各式陷阱。

第十二章 轻轻松松租房

第一节 租房五部曲

租房并不是一件简单的事情,如果想要在签订《租赁合同》之后省去很多的麻烦,在租房之前,便必须做足功课。

租房首先必须明白自己租房的意图,定位物业类型,根据实际使用所能配对房屋地段、房型面积以及房屋设施,确定好需求租房的启用时间、租期年限、租金的承受能力等。再明确自己的租房意图之后,下面就开始租房了,以解决问题为主要目的,化繁为简,租房也就五部曲:

这五个环节中有许多需要注意的细节。如果忽略了其中的某些细节,可能会给租房者以后的生活带来一些不必要的麻烦,所以每个环节都必须认真对待,不可掉以轻心。

一、寻找房源

寻找房源是一件较为费神的事情,因为首先要符合租房者的经济条件,又得满足生活、工作便利,这几项都得兼顾,这样才不会顾此失彼。

目前具体的途径主要有两个,一是通过房产中介公司,再就是上网自己查找房源。通过中介公司是眼下最为省事的一种方法,房产中介公司手头掌握了很多出租房源信息,租房者只要向他们提出自己的想法,一般都会得到较为满意的答复。

而通过网站寻找房源,也不失为一种较为便捷的途径。现在也有很多专业的租赁网站专门提供租赁房源信息。还有部分房产专业网站及房产中介公司开办的网站,其中都有"租房频道",登录之后,也能够找到租赁房源。此外,还有一些门户网站也开通了"租房频道"。通过这些网站,除了可以直接寻找合适的房源之外，还可以发布求租信息，等待别人的回复。

二、实地查看

据业内人士介绍，看房源要注意以下7个事项：

1. 房屋状况

在租房之前，要先对房屋的状况有个初步的了解。查看房屋状况时，先对房屋进行简单的目测，看看其质量状况如何，如果房屋质量状况不佳，租金再低也得考虑放弃，因为这关系到日后居住过程中是否安全。同时，还要重点关注门窗，如防盗门性能如何，窗户是否完好等等，如果不符合安全要求，可以向房东提出更换，以免给毛贼留下可乘之机。

除此之外，检查水路、电路是不是已经老化，或者其设计是不是能够满足大功率电器的使用，水管是否通畅等等，都是入住之前需要询问或者自己亲自检查的内容。如果忽略了，可能会带来一些不必要的麻烦。

2. 屋内配置

有些房东为了节省成本，他们在配置家用电器时，可能会前往二手货市场"淘"一些回来，所以在看房时，一定要对家具也要仔细检查一下，看看它们是不是使用年限已经超过了规定的期限，向房东了解煤气用具、淋浴器等使用时要注意的问题等等。

3. 周围环境

居住的环境很重要，同样是花钱租房，如果因为环境不好而影响到了生活，那就有些不合算了。看房时，要检查房子是不是临近马路、集市等，门窗旁边是不是放有垃圾箱，看看自己租住的房子前面是不是有高楼而影响采光等。

4. 闻闻气味

如果有些房子靠近化工厂或者其他散发异味物体的地方，这也会极大地影响到日后的居住。所以在看房过程中，要将自己的鼻子派上用场，推开窗户，注意闻闻户外的空气是不是有异味。

5. 周边配套

房屋周边生活配套设施的多寡，关系到生活的便捷程度，如距离菜市场的远近，周边公交线路的走向，超市、大卖场、商场等购物场所的分布，就医条件的好坏等等，都是要事先经过初步了解的内容。耳听为虚，眼见为实，在听房东介绍之后，最好是自己亲自到周围转转，做到心中有数。

6. 观察房东

在看房时，还要做的一件事情就是观察一下房东。因为在未来租住的一段时间内，租房者不可避免地要跟房东打交道。可以事先观察一下房东，对他（她）的习性有个初步的了解，以便日后和房东更好地合作。如果是合租者充当的二房东，还要对他（她）的生活习性有个初步的了解，如从事什么职业等等，以免日后同住一屋，影响了自己的生活。

7. 查看相关证件

要求房东出示房屋产权证和房屋租赁许可证，以确保房东有出租资格。以免租房过程中出现节外生枝的情形。

三、讨价还价

看完房之后，如果对房子没有别的意见，便要跟房东就租金问题讨价还价了。能否与房东在租金问题上达成一致意见，这直接关系到交易是否成功。房东为了多获得一些收益，他们可能会提高租金水平，而租房者为了节省开支，则希望租金低一些，这样两者便会产生分歧。所以在这种情况下，双方要进行很好的沟通。

房产中介给顾客推荐房源时，一般采用量身定做的方式，即顾客先提出自己的要求，中介再寻找合适的房源，这种情况下一般不用就租金的高低而去讨价还价，不过这也不是绝对的。

在讨价还价之前，要先对周边的房屋租赁市场有个初步的了解，如各种房型、配置的房屋月租金大概是多少，做到心中有底，这样，才会做到有的放矢，增加成功的几率。

四、签订合同

前面的工作已经全部做完之后，最后一步就是签订租房合同了。双方应该签订书面的房屋租赁合同，合同中要对租赁期限、租金数额、支付方式、房屋用途、违约责任等作出约定，以便日后解决纠纷时有据可依。

同时需要提醒的是，房屋租赁合同应到房地产登记机构办理登记备案手续，否则不能对抗第三人。因为房东在与房客签订租赁合同后，如果又有他人愿出更高的租金，有些房东在利益驱动下，往往会找借口与老房客解除合同，再把房屋租给后来人。而由于前一个租赁合同未经登记，所以即使上法庭，也不可能胜诉。所以，签了租赁合同，别忘了去登记。

此外，根据"买卖不破租赁"原则，登记还可以保证房屋在租赁期间即使卖给他人，房客仍可继续承租。这样便可以避免房屋因权属发生变化而侵害房客的权益。

五、物业交验

在合同规定的房屋交验日，您需要到房屋现场进行房屋交验，交验时您应注意以下几点：

1. 物业是否与合同约定的一致；

2. 家电、家具等是否与合同相符；

3. 钥匙是否已交付；

4. 水电煤表数字；

对上述情况满意后就可以领取钥匙了入住了。

第二节　租房心得

买房与租房各有利弊，关键是要权衡个人实际经济条件。不过相关专家指出，对于三类人而言租房是更为理性的选择。

1. 初入职场的年轻人。一般来说，大城市中刚刚工作的年轻人月收入约在3000元左右，扣除生活费，一般每月手头可以掌控的资金约1500元。因此，对于刚毕业的大学生来说，还是租房尤其是合租比较划算。

2. 工作流动性较大人群。在工作尚未稳定的时候买房，一旦工作调动，出现单位与住所距离较远的情况，则会由此产生一笔不菲的交通费用。这类人群最好租一套房子或与人合租房子。

3. 收入不稳定的人。工作稳定性差的人，如果一味盲目贷款买房，有可能因无法还贷而最终使房产被银行没收。

买房有买房的选择，租房有租房的明智。城市中的租房一族说起租房的故事来都是情节曲折而且漫长，看故事的人都嫌意外太多，故事中的男女主角对于租房大都一把辛酸泪。多次的租房，多次的搬家，这其中的酸甜苦辣真是一言难尽。

一、租的房子也是家

时代在进步，人的观念也在进步。在一些年轻人看来，其实买房和租房都一样。房子是干吗？就是住。仅仅是住，也就不分是买的还是租，生不带来死不带走的东西。只要租的房子住得不舒服、合约到期马上走人，来去自由，不受束缚。

不担心房主赶人，只要能出得起价，就不怕租不到好房子。说是说得潇洒，但也有许多年轻人为了买房子把父母大半辈子的积蓄，加上预支的自己的大半辈子都投在买房子上。

事实证明，只有租房，才能节约下很大的开支，也才能真正地享受到生活的美好，你可以到处去旅行，如果想去另一个城市工作，也可以不用顾虑直接去。人不能被物所羁绊，而要成为生活的主宰者。但如果作了房奴，将在未来很多年生活在忐忑的消费预期中。再者现在很多租房并不是像以前那样徒有四壁的空房子，很多出租房都是装修完毕，家具齐全的，完全具备了家的气氛。

房子是自己住的，所以租房的原则就是像买一套房那样去选择租的房子，虽然砸出去的钱远远不及买一套房，但是态度要严谨，观察要仔细，眼界要放开阔，仔细挑选自己所要居住的家。

二、奔波之路短一点，再短一点

一些年轻人毕业后租房，不少人选择了学校附近的房源。在学校附近租房，可以蹭在学校附近的小饭馆里吃饭，有门路的还能办张校园卡在学校食堂里解决吃饭问题，在餐费上大概能节约一些。平常周末还可以很方便地打球。

但是租住在学校附近也有不少问题，毕竟已经毕业工作了，将来想在职场上有所发展，如果租在学校附近，可能会离工作单位较远，上班要倒几部车，既占用了时间，又消耗精力，也不利于主动和被动加班。这样算下来还不如租得离单位近些，节省交通成本和上下班的时间成本，工作精力也充沛些。

的确，作为一个已经踏入社会的年轻人，如果一味依赖学校以及学校周边环境提供的各种生活便利，不考虑工作地点远近，而把租房的目光一直锁定在学校附近，所谓"毕业后还在学校混"，那么很不利于培养自己的独立生活能力。人，都有惰性的，凡事大多也是靠逼出来的。毕业之后，不妨主动把自己"放逐"，也许更有利于自己的成长。

另外一些人抱有"宁愿住得远一点，房租又便宜，住得又舒服，只不过路费贵一点"的思想，但是每天都要坐 N 站路，汽车老不来或者等红灯，或者说有地铁，每天在上下班的高峰期挤来挤去……要有过这样的经历就不会再说住得舒服的话了，因为"上班的时候车上人还没有睡醒，下班的时候车上人已经睡着"。

所以租房的时候，选择离单位较近，特别是能够一部车坐到单位，家和单位之间行车时间长度不要超过 30 分钟，最长不要超过 45 分钟的为宜。

三、租房安全不可忽视

1. 核实相关证件

不是谁都可以出租房屋的,判断出租人是否有权出租房屋首先要看他是否具有《房屋产权证》。只有房屋的所有权人才具有房屋出租权。与不具有房屋产权证的人,即非房屋所有权人签订的合同是无效的,不受法律的保护。承租人一旦向非房屋产权人交纳房租所带来的经济损失是无法挽回的,承租人只有自食其果。

其次要看出租者是否办理过相应的房屋出租文件,如《房屋租赁许可证》。此证是我们判断该住房出租是否合法的依据。

所以当双方达成一致确定租赁关系时,承租人需要先核实房东身份及有关证件。

2. 详查内部设施

大多承租人因为更换承租房的麻烦,经常是除了生活必备品之外没有任何属于自己的家具电器,故房东往往会提供一些包括床、衣柜、电视、冰箱、热水器、洗衣机在内的家具家电。一方面可以满足承租人的需要使房屋出租速度加快,另一方面在租金价格上也会比空房高出不少,但这会使租赁双方在日后的租赁过程中产生或多或少的问题,所以在租赁过程中物业交验就变得非常重要,继而督促租赁双方对内部设施进行详细的检查。

3. 房门钥匙归谁管

从租赁惯例看,大多数业主为了避免因房屋失窃等带来的麻烦,多会将房门钥匙全部交给承租人保管使用。但这仍然不够打消承租人的一些顾虑,所以目前最为流行的一种做法就是由承租人将房门的门锁更换(防盗门内的木门),再由业主在房租内扣除花费金额。这样对于租赁双方是个一举两得的办法。

4. 检查门窗设施

对于门窗方面的检查特别适合在那些建筑年代为 1980 年左右甚至更老的房屋,当然包括平房。这些房屋的门窗长年使用,在螺丝松动、玻璃牢固等方面多多少少会出现问题,尤其是楼房对外的窗子要仔细检查,有必要时轻轻推推玻璃,看有没有松动的可能。

5. 结清水气电等费用

通常在租赁时有关水电、燃气、电话方面的费用会得到租赁双方的重视,为了避免这一烦琐的纠纷隐患,建议在《物业交验单》上明确注明进住时的水表、电表、燃气表和电话等记账开始日期。如果能够在交验当天陪同业主一同办理所有的费用结算那当然是最好的,不过只要注意到这些数字和有文字的记录,那以后基本不会有什么特殊情况发生。

6. 合租需明示

年轻人在租房过程中为了省钱与人合租是难以避免的,俗话说"相见好,同住难",何况是陌生人。所以在发布合租信息时要写得非常详细,对于合租者的性别、嗜好、习惯以及是否欢迎情侣等,都一一列明。

大学毕业生租房以合租居多,如果合租对象是自己熟悉的同学或同事,事情还容易处理,如果是和原先不认识的人一起合租房屋,一定要互相留下身份证、工作证等复印件及联系电话,协商好物业管理、水、电、煤气、电话费用的分担问题,最好以书面形式明示,以减少不必要的经济纠纷。

> **温馨提示——租房心得**
>
> 租房故事中的男女主角大都一把辛酸泪。多次租房,多次搬家,这其中的酸甜苦辣真是一言难尽。
>
> 心得一:人不能被物所羁绊,而要成为生活的主宰者。所以租的房子也是家,要仔细挑选自己将要居住的家。
>
> 心得二:"宁愿住得远一点,房租又便宜,住得又舒服,只不过路费贵一点"PK"上班的时候车上人还没有睡醒,下班的时候车上人已经睡着"。
>
> 心得三:安全不可忽视——证件、门窗、钥匙、合租等问题一件不能漏。

第三节 租房省钱攻略

租房也要讲究"天时地利",天时,就是合适的时间;地利,就是合适的地段。如果前两项都定了,还可以通过房子本身的租期长短、家具配备等因素来与房东议价,达到省钱的目的。

一、避开租房高峰期

精明的人都知道，要想租到便宜又称心的房子，最好是避开一年一度的学生租房高峰期。每年六七月之交，各大中心城市都会有大量的本科生、研究生毕业离开校园走向社会，其中有相当部分会选择租房。在较短时间里释放出来的规模庞大的这股新生需求，自然会使市场供给偏紧，价格迅速上扬。

因此，如果能在这股学生租房热潮来临之前，就提前租下合适的房子，那么即便是多付一两个月的房租，总体上来看也是划算的。如果前两个月看好房子，到毕业之后再开始居住和支付租金，就更划算了。

如果在毕业后一两个月内，能先在亲戚朋友家借住一阵子，再出来找房子租，那么也可以避开租房高峰期，但由于每年9月份又逢开学期间，一些考研学生也要出来租房，因此价格上也不属于淡季。

一般按照传统惯例，每年的第二季度，租赁市场的淡季也会逐渐显现出来。据某地产市场研究部统计数据分析，淡季的租赁空置期相比旺季要多出半个月到一个月左右。所以在4月左右租房，可与业主细算账对比空置期风险，尽最大程度地压低租金，减少成本支出。

二、避开核心热点区域

一般在重点学校周边、商务集中区、重要的轨道交通站点周边等半公里以内的，基本为一个区域的相对核心热点区域，其满足属性越多往往租赁市场越活跃，租赁房源越抢手。所以租方如为了省钱，可尽量避免核心热点区域，选择次级热点区域会相对更为划算，同时也能满足租赁基本需求。

在北京，商圈的概念已深入人心，房产只要和商圈沾边，就仿佛镀了金一样蹿上几个价格挡位，租金更加变得不菲。目前北京较大的新老商圈包括公主坟、中关村、亚奥、燕莎、CBD、木樨园、金融街和马连道。而这些中心区域的房屋租金普遍成为该辐射地区的最高点，因此选择在辐射区内到其中心交通便捷，乘车时间在30分钟内的边缘区域性价比更好。如在CBD办公的人可以向东延伸至通州租房，比如在CBD双井租房，普通住宅2居室需要2500-3000元/月，3居在3500元/月左右；而延着八通线往东，在通州梨园、果园等区域，同样的2居室，只需要1800-2200元/月，每月能节省300-800元不等；3居2500元/月即可租到，每月节省可达1000元。当然，居住通州的交通费用要高些，居住在通州以地铁代步，居住双井以公交代步，以每月22个工作日往返计算，居住双井可节省35.2元（2*22-0.4*22），与所节省的租金相比已可忽略不计。

三、合租大户型

大城市的租赁市场非常庞大，合租现象随处可见，特别是每年毕业的大学生，受经济条件制约，往往选择合租。而 3 居居住人数多，合租人群更愿意选 2 居，因此形成 2 居的需求最大。在租赁房源中，2 居的存量也最大。

但是，从省钱的角度来看，合租 3 居更划算，以 1 间居住 1 人为例，分摊到每个租户上的租金一般能少 200-300 元。比如北京某区域 2 居 2300-2500 元 / 月，3 居租金一般在 3000 元 / 月左右。2 居的合租者每人分摊租金约 1150-1250 元，3 居分摊的租金为 1000 元，可节省 150-250 元。公寓可节省的租金更多，比如某一普通公寓，2 居 3500-4000 元 / 月，每人分摊租金 1750-2000 元；3 居在 5000 元 / 月左右，每人分摊租金 1666 元，每月可节省 84-334 元。而且水电煤气费用方面，由于分摊的人增多，每个人的实际费用也会下降。

四、长期租可租空房

通常，同等质量的房子、内部设施的齐全程度、租期的长短等都会影响到租金的高低。

一般来说，目前租赁市场上家电家具齐全的房屋，每月要比空房高 300 元以上，比如某小区 2 居空房租金为 2600-2800 元 / 月，而家电家具齐全的 2 居，能达到 3200-3400 元 / 月，每月相差达到 600 元，1 年下来可节省 7200 元；如果租期是 2-3 年，就达到 14400-21600 元。而这部分钱能够配齐好几套家具家电了。目前二手市场上配齐八成新的洗衣机、冰箱、电视机、双人床、双人沙发、桌、椅、茶几等，一般 3000 元左右就可以了，一年下来可以节省 4200 元。另外家具齐全的房子，不但租金贵了两三成，首次交租通常还要抵押两个月的房租，作为家具的抵押金。这也是一笔不小的花费。

在广州白云区嘉禾一带的租客蔡小姐说，她一早就计算好了，租住一年起的话，买电器比租旧电器更合算。所以，她一早就买齐了生活必需品、洗衣机和热水器等，一个热水器只需 300 多元还可以保修一年，一个四五升的洗衣机也只要千元上下，"即使以后搬离广州，送人或者再卖给二手店都可以。"

所以工作相对稳定的租客，不如考虑在某个地段长住，选择租空房，家私电器自备，并与房东签下一年以上的合约，这样可以争取到更为便宜的租金。

五、谈租金时要挑三拣四

鸡蛋这种东西，利润率很低，所以报价和成交价差不了太多。而房子这东西，不同的地方，不同的楼层，不同的朝向，房租差别较大，就是完全一样的房子，也可能有较大的差别。出租房挂牌的价格都是虚的，都是可以还价的。还价被拒绝并不是没有面子，不仅可以锻炼自己的心理素质，还可以此要求其他优惠的条件。

与房东谈租金时，首先要了解好房子的状况、附近的行情及缺点，需要修缮的地方，请房东处理或提出降价要求。

可还价的理由千奇百怪：如果租的是新房，可以讲楼上楼下邻居装修会影响休息；如果是刚装修的房子，那装修污染会影响健康；另外公交车站远、菜市场比较远、小区停车较多影响走路，哪怕是比较荒唐的理由，都可以提出来。实际上这些都是要求房东降价的筹码。

第十三章　租房陷阱

第一节　选择中介租房注意事项

现行的房屋租赁中介业务主要有两种，一种是居间业务；另一种是全程代理业务，前者佣金比较固定，较低。后者由于承担一定的风险，差价率比较高。由于居间业务存在中介与租赁双方之间的信息不对称，暗箱操作多，消费者容易受骗；全程代理业务由于租金需要经过中介商转手，容易出现资金不能及时到达业主手中的情况。

房屋中介服务业是90年代才发展起来的新兴行业。由于缺乏领导和管理，在经营活动中发生诸多的消费纠纷，消费者反应十分强烈。专业人士指出，承租人在通过中介租房时要注意以下几个问题。

一、看两证，细辨真与假

所谓两证，即指房产中介公司既要有房屋管理部门核发的资质证书，又要有工商部门核发的经营许可证。如果只有经营许可证，没有资质证书，一般是咨询机构，可以搞房屋政策、信息等咨询，不能做房屋租赁、买卖等中介业务；如果只有资质证书，没有经营许可证，则属非法经营。只有两证齐全，才是合法的房地产经纪机构。

例如在北京，目前从事房屋中介的公司有四千余家，而在北京工商局注册领取营业执照和在北京市房屋管理部门获取房屋中介资质的只有一千多家，剩下的都是无照经营。很多中介机构的营业执照是复印件，要么是挂的是"某某分支机构"的牌子，让消费者真假难辨。

所以，当你准备找中介公司租房时，一定要先看其是否具备两证。值得一提的是，在看两证时，还要细辨真与假，要看原件，不要看复印件，并把注册号记下来，因为有些非法中介机构利用复印件弄虚作假。如果你与两证齐全的中介机构发生纠纷，权益受到侵害时，可以向消保委或房地产部门投诉；反之，一旦发生纠纷，则将无人予以受理。

二、选中介，宜大不宜小

这里的大与小，指的是中介公司的规模。一般情况下，一个中介公司规模越大、品牌越响越可靠。但看一个中介公司是否可靠还要看其实力和口碑，而不要听信其广告。因为某些中介公司虽然也在报纸上做房屋出租信息的广告，甚至标注出有许多连锁店或者有许多分部、分店，但实际上其销售网点往往少得可怜，业务人员不过几十人甚至十几人，有的就是几个人，把房子委托给这样的中介公司就要多加小心了。

新成立的中介公司在客户与房源信息来源方面往往很难建立畅通的渠道，因此大多不具备"房屋银行"这种专业代理模式的操作水平。而一些历史较长的公司则比较注重开发严谨的管理模式，从管理上具备极强的内部监控能力和风险控制能力，能够很好地杜绝卷款潜逃等类似事件发生的可能性。当然也不是说历史较长的专业房屋银行就不会坑害业主，在中介市场不规范的环境下，您还要时刻防范着与您合作的中介公司，才是比较明智的选择。

有信誉的中介公司在工商局与中介事务所的投诉记录几乎为零。因为讲信誉的公司会十分注重客户对自己公司的评价或满意度。相反，黑心中介或骗人的中介公司，虽然具备中介营业资质，但是在工商局与中介事务所的记录却时常是劣迹斑斑。因此对于中介公司的考察还应包括中介公司的投诉记录及其信誉在工商局备案情况等。

在"坚石事件"等一系列黑心中介欺诈行为曝光以后，一些地方的土地和房屋管理部门也加强了对中介信誉的监督。比如，北京市推出的"放心中介"就是在这方面的尝试。这些"放心中介"是经北京市国土资源和房屋管理局确认的房屋经纪公司，这些房屋经纪公司除要遵守"放心中介"活动章程外，还要向市国土房管局下属的北京市房地产中介事务所缴纳 5 万元的信誉保证金。"放心中介"一旦出现损害消费者利益的行为，市房地产中介事务所可以使用信誉保证金对消费者予以赔付。

但需要注意的是"放心中介≠终身荣誉"。您需要随时查询土地和房屋管理部门公布的"放心中介"新名单，或者通过其他途径考察您准备委托的中介公司的信誉。北京坚石房地产经纪公司卷款事件足以说明这一点。坚石公司是北京首批"放心中介"，但在 2003 年 5 月却已主动退出。而这种变化没有引起消费者和相关部门的注意，最终为中介骗款得逞埋下了隐患。

三、签合同，要细不要粗

作为承租方，一般要选定自己信赖的房产中介。在签订租房合同时，消费者一定要把协议内容搞清搞细。这样以后一旦出现纠纷，就可以用合同说话，保护自己的合法权益。

下面是承租方在通过中介时签订合同需要注意的几个问题：

首先，合同的内容越详细越好，比如房屋的地点、周围环境、付款方式等都要在合同中写明。

其次，要认真研究合同范本的条款，看清双方权利和义务是否对等，违约责任是否公平明确等，对中介机构的口头承诺，应要求其书面化并签字确认。

第三，要明确中介公司服务佣金由谁支付，并且在合同执行过程中如有一方违约致使合同履行受阻，此时支付给中介公司的费用退不退还。

第四，注意收费票据的内容描述，应如实注明是"押金"、"租金"等，而不应是什么"信息费"、"看房费"、"诚信费"之类的其他杂费，并应妥善保管各种书面资料和收费票据。

第五，违约金如何支付，支付多少，什么情况算是违约，违约金的支付时间等。

第六，在签订合同时一定要将室内配套家具电器的详细名目列出，并注明新旧状态，还有把水、电、煤气的表数记清，以防日后因此类事情产生矛盾。

许多租房者认为自己拿到所租房屋的钥匙后就可以高枕无忧了，与中介公司也就没什么关系了，这种想法是不正确的，租户租赁房子后不仅有使用房子的权利，还有维护房内各种设备设施的义务，因此租户要在签订合同之前在中介公司的协助下与房主确认房子内的设备设施当前的状态，并将其附在合同附件中，以免以后发生纠纷。

一定要将室内配套家具电器的详细名目列出！！！

四、知法规，租金保安全

屡屡发生的中介携款潜逃案件，引起了人们的普遍关注。让银行介入租房交易，通过金融行业的诚信托起租赁市场的整体信誉，这也是有效解决目前房屋租赁市场存在风险的一个途径。比如为保护房屋租赁当事人的合法权益，北京市国土资源和房屋管理局出台了《关于印发房地产经纪机构代理房屋租赁须委托银行收、付租金的暂行办法》，此办法从 2004 年 5 月 1 日起施行。在租赁代理业务中租金交、付存在付款周期及付款时间的差异，如经纪机构往往按季甚至半年收取承租人租金，再按月向出租人支付，这样就使大量客户租金滞留在经纪机构。

而根据新办法，从事房屋租赁代理业务的房屋中介必须与指定银行签订租金代收、代付委托协议，交纳租赁代理保证金并通过指定银行代收、代付租金。由银行对代收的租金实施"监管"，即银行不是按照经纪机构的指令而是依据房地产经纪机构签订的出租代理合同和房屋租赁合同对租金进行代收、代付。房地产经纪机构只能对其所得的佣金部分进行支配，保证了承租人交纳租金和出租人收取租金的安全。

第二节　中介租房骗术汇总

目前由于房地产市场仍不够完善，房地产经纪公司更是良莠不齐，许多中介公司凭业务员一张巧嘴欺骗顾客，给顾客虚假信息、虚假承诺，把佣金、看房费或其他费用骗到手后便开始敷衍业主甚至一走了之。

消费者在中介公司上当受骗的原因，主要是由于部分中介素质不高，唯利是图，加上消费者的自我保护意识薄弱造成的。下面是不法中介对租房人常用的伎俩：

一、低价诱惑

在报纸、街头传单或某些网站上刊登虚假房源广告是黑中介最常见的欺诈行为。表现形式为广告上介绍一些地段好、条件也好的房屋，租金却十分低廉，吸引租房人。租房人一旦表示愿意租住，黑中介就会说，刊登的房屋已经被租出去了，接着就推荐条件差租金高的房屋，骗取看房费、信息费逼租户就范。

应对方案

可以通过以下几种方式了解市场价格，便会对虚假报价具有免疫力。

首先，参考市国土房管局发布的《房屋租赁指导价》。《指导价》的内容包括当地各区房屋不同居室的平均租金情况，虽然只是平均价格，却也能起到一定的参考作用。

其次，咨询正规中介公司。正规中介公司不会搞那种骗人的小伎俩，在房屋的租金上十分透明。并且店员及经纪人都受过专业培训，十分了解市场行情，所以可以较准确地估算出您需要房屋的租金。

最后，向有租房经历的人讨教。如果是第一次租房，搞不清楚市场行情是很正常的，这时候，如果向同学、同事中有过租房经验的人讨教一番，也可以大致了解他们所熟悉的地域的房屋租金价格。

二、骗取押金

乱收费问题一直是黑中介、小中介的专利，收费理由颇多，如看房费、信息费、咨询费等等，其表现形式多样。一般情况下，租房人在委托这些黑中介寻找房屋时，这些黑中介的工作人员会马上声称有合适的房子，但必须要先交上少则几百元多则上千元的所谓押金，理由是为了防止房客和房东见面后撇开中介。而一旦在你要求其工作人员陪同看房时，他们通常会推托说房东有事情不能前来，或带你看一些你根本无法接受的房屋。随后就是一拖再拖，总之押金是不会退的，甚至采取恐吓、武力等暴力手段使租房人退缩。某些黑中介手中一套房源也没有，骗够一笔钱后就携款潜逃，这种打一枪换一个地方的快速战给租房人讨要押金以及案件侦破带来了很大困难。

应对方案

要防止被黑中介骗，就一定要认清黑中介。黑中介的一般脸谱是设施简单，网点单一，小办公室、一张桌子加几部电话，便于打快速战；有求必应，不论你要什么条件的房子，他们都说可以提供，而且价格还十分便宜；要求先交定金、押金或看房费，声称对房子不满意可以退款。

当然，普通租户不能有那么多的时间和精力去一一识别真假中介，可行的办法是委托那些正规大型中介。而正规中介不会收取看房费、信息费和任何押金。

三、冒充房东

1. 网络上充斥着大量冒充房东的中介信息，有些中介直接在个人出租栏目发布信息，或贴出房子照片说自己是房东等。但等见了面，招租人却说自己是中介，硬要交看房费，这样的遭遇相信多数在网上租房的市民都遇到过。

2. 不法中介首先租下一套合适的房子做道具，然后从该公司找出一名业务员冒充房东，对所有顾客报出的出租价格都远远低于市场价格。每当顾客看房满意与假房东签下合同并缴纳了中介费后，这位假房东又找出各种理由不肯出租了。

顾客找公司退钱时,公司说双方已签租赁合同,中介服务已经完成,房东属单方违约,中介费不予退还。

应对方案

第一,网上求租者可以在电话联系时,多问些关于房子的具体问题,比如房子里家电的品牌、使用年限或邻居情况等。这些详细的信息,一般中介记不住。

第二,委托正规大中介,这种情况就很容易避免。建议租客在与房东见面后,一定要查看房东的房产证、身份证;如果他是帮助朋友出租房屋,那么一定要有出租委托书、朋友的房产证、身份证(最好看原件);如果房产证没有办下来,一定要房东出具购房合同。

第三,在看房时察言观色,向房东提出只有真房东才能回答的问题来判断房东的真伪,为了保险起见,还可以审查房东的真实身份,并且向其单位求证。

第四,最稳妥可靠的办法就是委托正规大型品牌中介公司租房。一些大型中介公司推出的房东保真,先行赔付的承诺,通过这些中介租房,一旦遇到假房东骗租,租客的一切损失都由中介公司来承担。

四、免佣金

表现形式一般为宣称不收佣金,但背后却大幅提高房租,吃差价。表面上似乎让租房人占了便宜,实际上租房人的损失少则上千元,多则数千元。例如:一套1300元/月的一居室,一般情况下,交易达成后,客户应付给中介公司1300元作为佣金。但那种打着免佣金幌子的骗人中介,会将房租提高到1600元。虽说,表现上好像省了1300元,但租上一年的房子,损失的钱就是:(1600-1300)×12-1300=2300元,租房人最后不但没有省钱,反而破费了2300元,岂不更亏?

应对方案

不要轻信类似免佣金的广告宣传,切不可有贪小便宜心理。与佣金相比,中介公司的服务和诚信度才是关键。

五、合同陷阱

无论是房东还是房客在委托中介公司为之出租或租赁房屋时,都要与之签订一份委托合同,如果您不认真阅读其中的条款,很可能会掉入中介公司挖好的陷阱里。

1. 中介公司与租客签订协议中,如果有类似"乙方(承租人)与出租人交换各自的联系方式,或与之签订了有关定金合同,中介公司即完成了与乙方的委托合同，乙方应支付中介费"这样的条款，就请租客要提高警惕，中介公司很可能与其内部员工通过唱双簧的把戏，由内部员工充当房东签订合同来骗取租客的中介费。

2. 我们通常认为陷阱一般出现在租房签约阶段，但退房时其实也有很多陷阱。最典型的就是中介公司利用合同中条款套取押金。如合同中规定退房时要与中介公司交接。但当租客致电房屋中介说要退房，被告知可直接和房东交涉，不用再跑一趟公司。然而，刚退完房，中介就以私自和房东退房属违约为由，扣留租客的押金。

应对方案

第一，签订合同之前务必要认真阅读合同各项条款，对中介机构出示的格式合同有异议的，可对该合同条款进行修改后再签字或签订补充合同。

第二，租房者尤其注意在和中介打交道时任何协议都要落实到文字上，千万别信口头协议。

第三节　警惕"二房东"

经常租房的人们可能会发现，在寻找合租时容易陷入一个"怪圈"。不论是网络上发的帖子、报纸上刊登的信息，还是个别中介公司所提供的租赁房源，承租人最终成交签署合同时都已经很难与原房屋业主打交道了，越来越多的"二房东"替代了"原房主"的位置。

什么是"二房东"呢？民间说法，"二房东"是指先从房东手里租下整套房子，然后再"分房转租"给他人，从中获利者被称之为"二房东"。从法律意义上来讲，房屋出租人为房东，承租人为房客。房客将房屋以高于原租金的租金转嫁他人，称为"二房东"。而"二房东"的行为历来为法律所禁止。

一、小心被"二房东"忽悠

如今租房现象普遍，有闲置房产的市民不少，外来人员独租或合租的情况也很常见。从中滋生出了租下房子后再转租的"二房东"角色，其中有些人就是钻空子蒙了房主又骗房客的不法分子。房子租出好价钱是喜事，租到合适房子也方便了生活，可房主和房客是不是注意这"二房东"了呢？小心，别被他忽悠了。

"二房东"设下的转租骗局，通常有三种情形。

第一种是"二房东"要求新房客一次性支付长期房租后，突然卷款潜逃。

第二种是"二房东"已超出合同约定租期,在房东已经催房租或还没有找上门前,赶紧将房屋租给房客,然后带着收到的租金逃跑。

第三种则是"二房东"将房子高价转租给房客,并且收取多月房租后离开,从中骗取差价。

上述二房东的转租骗局对于房东和新房客都造成了伤害。一些房东粗心疏忽,没有将租房者的身份、姓名、工作单位等情况了解清楚,就把房子租了出去,结果被"二房东"偷偷转租后,不仅经济上有损失,还成了"诈骗帮凶"。而新房客没有了解出租人的身份真伪,有时冲着房子环境设施好或价格便宜就不假思索租下来,结果省了小钱亏了大钱,而且如果房主坚持要他搬走,那么由于转租合同无法律效力,房客大多是无可奈何的。

二、"风险"中谋求自保

要想避免二房东,租房前先要搞清房东的身份,可以向邻居或者社区居委会打听一下这房子到底是不是这个房东的。如果一次要支付大笔租金的,审查证件就非常重要,最好让房东出示身份证原件,并要想办法弄清房产证真伪,以及房东与登记人是否一致。当然,房屋信息到正规中介寻找,不轻信马路小广告和网络消息,也会避免不少风险。

对于租房者而言,在租房时当然不愿意遇到"二房东",生怕一个不小心会上当受骗,可是就目前一些大城市房屋租赁市场而言,"二房东"的存在已属普遍现象。特别是对于刚刚走出校园的毕业生们和初入社会工作的年轻人来说,毫无租房经验的他们在遇到这种情况时会不知如何应对。那么,租房者如何在这种可能存在的"风险"中谋求自保呢?

第一,租房者在约见"二房东"看房时,可以对其"察言观色",通过言语间的交流,看其性格、爱好等方面是否与自己相似,是不是最佳的合租伙伴,也好避免日后发生不必要的麻烦。

第二,租房者可以要求查看"二房东"与"原房主"所签订的租赁合同,因为,转租合同的终止日期不得超过原租赁合同规定的终止日期,否则,就会对租房者产生较大风险。

第三,"二房东"如果将租赁屋转租,必须要经过"原房主"的同意或承诺,否则是无效的。如果是部分转租,则要看"原房主"和"二房东"的租约,是否有限制不允许转租,如果没有限制,那么,租房者便可与"二房东"签约。

第四,租房者与"二房东"私下签署协议时,一定要将合同条款细节写清楚。

如：房屋租赁期限是半年或一年；付款方式是押一付二还是押一付三等；对于租赁期间的水、电、煤、气、有线电视、上网费用等如何分摊；将这些条款详细写清楚之后作为合同附件收好，日后一旦发生纠纷时也能免去些许风险。同时，承租过程中注意保留收款凭证，付款凭证等相关证据，以防日后发生不必要的纠纷。

> **温馨提示——"二房东"不可避免**
>
> 1. 要求查看"二房东"与"原房主"所签订的租赁合同，因为，转租合同的终止日期不得超过原租赁合同规定的终止日期。
>
> 2. "二房东"如果将租赁屋转租，必须要经过"原房主"的同意或承诺，否则是无效的。
>
> 3. 租房者与"二房东"私下签署协议时，一定要将合同条款细节写清楚。如房屋租赁期限是半年或一年；付款方式是押一付二还是押一付三等；对于租赁期间的水、电、煤、气、有线电视、上网费用等如何分摊等。

第四节　租房案例分析

一、假房东骗钱

外地大学生刘某急需租房，她拨通了一家房屋中介公司的电话。中介公司热情地为她在中关村地区介绍了一处一居室的住房，见到房主后，房主向其出示了身份证、公有住房租赁许可证的复印件，双方便签订了房屋租赁协议，她给付房主年租金12000元，并向中介公司支付了600元中介费。但她刚刚居住不到一个月，就被王某告上法庭。原告王某才是该房真正的主人，因其将该房借给一个熟人暂住几天，没想到此人竟冒充房主将房屋出租。法院依法确认该租赁协议无效，而刘某再去找中介公司理论，公司早已人去楼空。

以上案例是租房人在未审核对方主体的情况下而轻信出租方,盲目签订合同而产生的恶果。房屋租赁合同有无效力,要看该合同是否符合国家法律的规定。概括起来主要有:一、审查合同主体是否合格,即出租人与承租人是否具备相应的条件,当然首先要看出租人有无该房产权;二、审查租赁的客体是否合格,即出租人的房屋是否为法律、法规允许出租的房屋;三、审查房屋租赁手续是否完备。房屋产权证明并非是合法出租的充分条件,还应按有关规定办理房屋租赁许可证,租赁合同也要进行租赁登记方可生效。

二、唱双簧骗取中介费

曹小姐是杭州商学院的一名学生,想在学校附近租间房,打算通过一些规模较小的房产中介来为其牵线,这样可以节省不少中介费。于是,找到了一家房产中介,在得知中介公司所提供的房源后,觉得可以接受,便缴纳了100元的代理费和100元的服务费,等待着房东带她去看房。

但房东一直没有出现,只是打了个电话给她。当他得知曹某是学生后,这位房东便要求曹某先付一万块钱的押金。曹某无力支付,房东便一口回绝了她。曹某再次来到中介公司,中介公司声称曹某能承租的房源已经没了,剩下的都是超出曹某接受范围的。曹某无奈退出,然而,中介公司却只退还她100元代理费。前后不过两天,曹某便损失了100元服务费。

曹某又找了另一家房产公司,这次曹某缴了250元的中介费。和前面的情形一样,房东在见面的路上,以修自行车为由,不断拖延时间。苦等了三小时后,曹某迟迟不见这位房东的踪影,再次电话联系时,对方已关机。第二天再去找他时,对方的手机却始终不接。这次,曹某又损失了150元。

某些房产中介特别是一些"皮包公司"冒充房东设下圈套骗取租房者的中介费。业内人士忠告,租房最好找一些正规的中介,这样,租房的称心,出租的也放心。

三、骗取看房费

从外地来北京读书的洪小姐,想在自己就读大学附近租住一套屋内设施相对齐全一些的房屋,以便于自己平时上下课,于是找到了一家房地产经纪公司。该公司工作人员在接待了洪小姐后便要求其先交纳300元的看房费,直到经纪公司为其找到能令其感觉满意的房屋后再补交剩下的500元,但如果一直找寻不到合适的房源时经纪公司可以向其退款。在洪小姐按照经纪公司的要求如数支付了300元看房费之后的一个月时间里,该经纪公司一直不能为其提供合适的房源。

在这种情况下，心急如焚的洪小姐便向经纪公司提出退款的要求，但该经纪公司却一再坚持声称他们公司已经向其提供了一定的信息咨询和服务，并以此为由拒绝向洪小姐退款。

有些中介公司抓住顾客急于租房的心理，谎称自己手上有顾客想要的房子，等顾客想看房时，向顾客收取看房费。这些都属于不合理收费，大家要提高警惕，一定要看好自己兜里的钱。

四、低租"诱饵"

"中介在网上发帖子说，一套在五四路附近的两房，月租金才700元。我觉得很合适，就马上和他们联系。结果到了他们门店后，他们说这房子已经没了，改为向我推荐月租要1500元的单身公寓。而我过了3天再上网，发现他们还在推荐那套700元的房子。"省立医院的张女士，一提到前几天找房子的经历就来气。

有很多小中介公司在网上发布一些地段又好、租金又便宜的房源，可实际上这些房源根本就不存在，它们只是中介吸引求租人的"诱饵"，一旦求租人因此上门，就会说房源已被租出去了，改向求租人推荐租金高的房屋。

业内人士建议说，如果碰到这样的中介，消费者可以记下他们在网上留的电话号码，下次再遇到同样号码的中介，就不会上当了。此外，在与中介联系时，可要求双方直接在该房源见面，这样被骗的概率会小一些。

五、"押金"变"信息费"

单位旧日的同事因新工作单位不提供住宿，须在该地租房，他找到房产中介机构，并看中了其中的一个单元，约定每月租金为300元。因同事第二日要出差，约定出差回来再签订合同，按中介的要求，同事先行交纳了按金300元及押金600元，中介开具了写有"兹收到某某租房信息费900元"字样的收据。后因新单位工作重新安排，同事被安排长驻外地工作，不用租房。同事出差回来后便到中介告知不租房事项及要求退回已交的按金及押金，但中介机构以所收的是信息费，且提供租房信息的服务已经履行完毕为由，不愿意退回已收的任何费用。多次交涉之后同事最终也只能要回150元。

专家建议：注意收费票据的内容描述，应如实注明是"押金"、"租金"等，而不应是什么"信息费"、"看房费"、"诚信费"之类的其他杂费，并应妥善保管各种书面资料和收费票据。

六、物业纠纷，口说无凭

陈先生租了东风东路一套房子，房东是一对夫妻。当时电视机有问题，房东口头也认同。一年后，房东夫妻离婚要收回房子，陈先生被迫搬走，更意想不到的是房东不认账要求陈先生修好电视机，并且以扣押金为要挟，陈先生无奈给钱。事后，他向消协投诉，但由于缺乏有力证据，最终还是吃了哑巴亏。

租房签合同，每一个条款都要仔细斟酌，毕竟口说无凭。一旦交易因故出现纠纷时，合同上签署的所有条款会作为纠纷的处理依据。

七、家电大变脸

张先生相中一套位于中山区的高档公寓，依山傍海，景色宜人，房子属于精装修，房主常先生承诺等他入住时会把所有家电全部配齐。于是张先生与房主常先生签订了《房屋租赁协议》，在协议里也明确了入住时把所有家电配齐等字样。于是张先生向房主常先生支付了定金三千元，约定好等交钥匙时交付剩余租金。交房的日期到了，当看到房子时张先生顿时傻了眼，全部家电是给配齐了，但全部是从二手市场淘来的非常旧的东西，这样的家电别说放在高档公寓了，即使放在一般的住宅里也明显不合时宜。

关于家具家电"变脸"的事情常有发生，有类似于张先生这样的，签完合同后等入住时却发现家电变了脸。由于合同约定不明确所以双方各执一词，弄得非常不愉快。所以在签租赁合同时，不光要把家具家电的名称写下来，还应该把其品牌、型号标注在合同上。同时，三表（水、电、煤气）的表数及物业费、取暖费、有线电视收视费、宽带的安装费、使用费等相关费用由谁来缴纳也要在合同当中明确注明，而这些恰恰是常常造成租赁双方纠纷的主要原因。

八、"二房东"人间蒸发

来锡不久的小周在网上看到一则合租启事后，找到了对方。这两名打工男子很快商定各出 400 元房租一起住。一个月的合租生活让小周很满意，既省下了钱，又多了照应。可是不久，合租者一夜间消失了，就在小周寻找对方的时候，房东找上了门，说原来的房客欠了他两个月房租，小周想住，就得重新签合同交租金，并要把之前的水电费补上。而这时，小周早已支付给合租者 1200 元。

在得知对方是"二房东"时，租房者可以要求查看"二房东"与"原房主"所签订的租赁合同，因为，转租合同的终止日期不得超过原租赁合同规定的终止日期，否则，就会对租房者产生较大风险。

另外，租房者要注意的是"二房东"如果将租赁屋转租，必须要经过"原房主"的同意或承诺，否则是无效的。如果是部分转租，则要看"原房主"和"二房东"的租约，是否有限制不允许转租，如果没有限制，那么，租房者便可与"二房东"签约。

所以与"二房东"签约前，一定要查实上述的内容，并且在交予"二房东"大笔款项时一定要慎重。